政治访谈

基于俄汉语料的语用分析

卢婷婷 著

ЛИНГВОПРАГМАТИЧЕСКИЙ
АНАЛИЗ ПОЛИТИЧЕСКОГО ИНТЕРВЬЮ

НА МАТЕРИАЛЕ РУССКОГО И
КИТАЙСКОГО ЯЗЫКОВ

社会科学文献出版社
SOCIAL SCIENCES ACADEMIC PRESS (CHINA)

目 录

前 言 ······ 1

第一章 政治话语与政治访谈研究概况 ······ 1
第一节 政治话语研究概况 ······ 1
第二节 政治访谈研究概况 ······ 13

第二章 政治访谈研究的理论基础：政治语言学与语用学 ······ 19
第一节 政治语言学的理论与方法 ······ 19
第二节 语用学的理论与方法 ······ 26
第三节 政治访谈的界定 ······ 33
第四节 小结 ······ 42

第三章 政治访谈的对话结构 ······ 44
第一节 政治访谈的整体结构 ······ 45
第二节 政治访谈的话轮转换机制 ······ 79
第三节 小结 ······ 102

第四章 政治访谈的意向分析 ······ 107
第一节 言语行为 ······ 108
第二节 语用策略 ······ 144
第三节 小结 ······ 186

第五章　政治访谈的政治文化语境 …………………………………… 189
　第一节　语境与宏观语境 ……………………………………………… 189
　第二节　俄汉语政治访谈的政治文化语境 …………………………… 192
　第三节　小结 …………………………………………………………… 200

结　语 ……………………………………………………………………… 202

参考文献 …………………………………………………………………… 206

前　言

近30年来，俄罗斯学者在政治话语领域的研究成果颇丰，但是这些成果的数量和我国对该领域的了解程度是不成比例的，因此我们有义务介绍俄罗斯学者在该领域的研究成果，借用俄罗斯政治语言学的方法开展我国的政治话语研究。

文献研究表明，欧美和俄罗斯政治语言学理论日臻成熟，为政治话语具体体裁研究奠定了科学的基础。与国外相比，我国的政治话语研究起步较晚，目前的研究尚处于学科建设的起步阶段。我国学者在引进和借鉴国外研究成果的基础上，现已确定了政治语言学的学科定位，并研究了该学科与其他语言学科的关系、该学科的研究对象、研究方法等基础理论问题，同时明确了研究的两大内容：语言的政治问题和政治的语言问题。目前国内多数学者关注的是语言的政治问题，指出了政治语言的政治性、社会公共性、时代性和攻击性等特点。

我国的社会政治有别于英语国家，也不同于俄罗斯，加强我国的政治语言学学科建设、推进汉语政治话语研究具有十分重要的意义。

目前我国政治的语言问题研究成果多集中在系统功能语言学和批评话语分析方面，而语用研究的对象则以英语政治访谈为主，汉语政治访谈的研究基本上还是空白。

随着大众传媒尤其是互联网的迅速发展，政治访谈在政治交际中的地位和作用日益凸显，成为政治人物与民众进行交际的重要渠道。政治访谈以一问一答的对话形式区别于其他独白形式和书面形式的政治话语。虽然参与政治访谈的双方在访谈之前都进行了一定的准备工作，但是访谈中双方的交际是即时的，访谈过程充满着语境变量，这导致语用策略的多样性。作为政治的语言问题之一，政治访谈的对话结构、意向性、语用策略以及政治文化特点都具有重要的研究价值。

政治访谈兼具政治话语的政治性、社会公共性、时代性和攻击性所决定的话语功能和媒体人与政治家的独特互动方式。政治语言学为我们提供了研究视角和方法论，而语用学则是我们进行语言分析的工具。我们把政治访谈视为一种特殊的对话形式，对其进行结构描写和会话分析；将其置于政治交际的视角下，通过对话语的意向性、策略性分析揭示媒体人与政治家的言语互动规律；通过俄语与汉语政治访谈的对比研究，展示政治话语的社会文化特色。

对政治访谈的研究既可以深化、完善政治语言学理论，丰富学科的材料研究，又是会话分析、语用分析方法在政治交际方面的应用。研究成果可为语用语言学、会话分析、篇章语言学等学科的教学提供参考，对传播学、新闻学以及政治交际的实践有一定的指导和借鉴作用。

本书所用语料真实、可靠。笔者将电台和因特网播放的实况录音转写为文字语料，采用语料库语言学方法处理语料。其中俄语语料的来源为俄罗斯 Радио Свобода（自由广播）、Эхо Москвы（莫斯科回声）、Радио Маяк（灯塔）、Русская служба новостей（俄新社）、Первый канал（第一频道）、Россия（俄罗斯）和 НТВ（独立电视台）等媒体政治访谈节目的实况录音转写，汉语语料的来源为《强国论坛》、《代表委员面对面》、新华网、东方网、中国网等访谈节目的实况录音转写。所有语料力求最大程度地真实反映政治访谈的话语特点。语料是随机的，不局限于某一两名政治家，尽可能反映采访记者和受访政治家的多样性。本书转写俄语和汉语政治访谈实况录音各 15 场，其中俄语政治访谈总时长达 674 分钟，实况录音转写文字共计 92697 字；汉语政治访谈总时长达 617 分钟，实况录音转写文字共计 161322 字。

转写过程中采用语料库语言学的下列标注方法：

（1）停顿时间 1 秒以上者，用"Ns"标示；

（2）说话拖音用"——"标示，如"二零零——一年"；

（3）两人说话重复部分用"‖ ‖"标示；

（4）说话修正行为用"⊥"标示；

（5）说话速度太快等造成的含糊不清用"（——）"标示；

（6）说话被打断用"▲"标示；打断用"▼"标示；

（7）自己突然停顿不说用"⊙"标示；

（8）强调话语用"口"标示；

（9）话轮转换无停顿，前后用"｜""｜"标示；

（10）笑声或其他有意义副语言行为用文字标示，前面用"＊＊＊"引导；

（11）其他副言语行为根据具体情况分别标示；

（12）话语成分间关系颠倒或后补说明用"←"标示；

（13）轻音用括号"（）"括起来；

（14）"？。"表示似问话又不像问话的言语行为；

（15）想插话没能插上，只做出发音准备，完整音节未发出，用"＊"标示；

（16）一方说话时另一方的回应用#标示。

第一章
政治话语与政治访谈研究概况

第一节 政治话语研究概况

一 俄罗斯政治话语的研究概况

18世纪至19世纪中期,俄罗斯政治话语研究与修辞学研究紧密相连。19世纪末至20世纪初,俄罗斯历史上出现了革命派、保守派、自由派以及后来的民粹派等,这些政治流派之间展开了激烈的政治辩论,也是从这一时期开始,出现了对一些党派领导人语言的批评性研究。

苏联时期的政治话语研究可划分为三个阶段。第一阶段为20世纪20年代至30年代。1917年十月革命胜利后,俄语标准语在词汇和修辞上的变化引起了 Г. О. Винокур、С. И. Карцевский、Е. Д. Поливанов、А. М. Селищев、П. Я. Черных 和 Р. О. Якобсон 等学者的关注。这一时期还出现了大量的缩略语、外来语和方言,很多俗语和公文事务言语同时充斥着俄语标准语。第二阶段为20世纪30年代至40年代。Н. Я. Марр 的追随者将俄语划分为"剥削者语言"和"劳动者语言"两个独立的体系,语言被深深地打上了意识形态的烙印。这一时期出现了以苏联政治领导人(С. М. Киров, М. И. Калинин, В. И. Ленин, И. В. Сталин)的语言风格为题材的著作。第三阶段为20世纪50年代至80年代。演讲术的理论与实践(Г. З. Апресян, Л. А. Введенская, Н. Н. Кохтев,

В. В. Одинцов)、大众交际手段（Ю. А. Бельчиков，В. Г. Костомаров，Д. Э. Розенталь，Г. Я. Солганик）和宣传等问题引起了学者们的关注。总的来说，由于意识形态因素的影响，苏联时期的政治话语研究局限于对资本主义制度的批判和自身意识形态的宣传。而对苏联时期和新形势下政治话语研究的高潮在苏联解体之后才逐步形成。

当代俄罗斯政治话语研究主要呈现以下几个方面的特点。

（一）政治话语的概念

在俄罗斯政治话语研究中，与"政治话语"同时使用的有"社会政治言语"（Т. В. Юдина）、"政治交际"（А. П. Чудинов）、"公共思想语言"（П. Н. Денисов）、"政治语言"（О. И. Воробьёва）等多种表达方式。不同的术语表达，一方面表明了学者们研究政治话语的不同角度和视野范围；另一方面也表明了这一概念目前尚无统一的界定。

目前俄罗斯学者对政治话语的理解大致可分为狭义和广义两类。А. Н. Баранов 和 Е. Г. Казакевич 认为，政治话语是所有用于政治辩论的言语行为，以及传统所崇尚和经过经验检验的公共政治规则的总和（Баранов，Казакевич，1991），这是对政治话语的一种狭义理解。而广义理解支持者 Е. О. Опарина 认为，政治话语指社会政治交际的语篇总和（Опарина，2002）；Е. И. Шейгал 也指出，言语主体、受话人和内容三要素中，只要有一个要素与政治相关，就属于政治话语（Шейгал，2004：23）。目前，对政治话语持广义理解的观点得到了俄罗斯多数学者的认同。

（二）研究对象

苏联时期政治话语研究呈现两个方面的特点：一方面，是对苏联时期政治话语的整体研究，如 Н. А. Купина（1995）分析了苏联时期政治、哲学、宗教及艺术领域的意识形态素；另一方面，是对苏联某一特殊时期的断代研究，如 20 世纪 20～30 年代的政治话语（Киселева，2008）；苏联改革时期（Симон，2007）；停滞时期和赫鲁晓夫解冻时期（Барсукова，2005a，2005b）；20世纪下半叶（Карамова，2002）。有学者（Костылев，2007）分别对苏联国内战争期间、20世纪30年代末苏日冲突期间和关东军作战期间苏联报刊中的日本国家形象进行了分析。Э. В. Будаева与А. П. Чудинов（2009）合著的《苏联问题的语言学研究》划分出这一研究方向发展的五个阶段（1918年至第二次世界大战结束时期、冷战时期、苏美关系缓和时期、苏联改革时期和1992年至今），客观地、系统地总结了国内外学者对苏联时期政治话语的研究成果。

苏联解体后的政治话语是当代俄罗斯政治话语研究的主要对象。对比苏联解体前后的政治话语，学者们指出，苏联时期对政治话语的研究侧重语言结构和体裁，过度强调规范和标准，忽视了政治话语的个性特征。

除此之外，一些国家的政治话语也进入了俄罗斯学者的研究视野，其中包括美国（Сорокина，2003；Красильникова，2004；Никитина，2006；Матыгина，2009）、德国（Керимов，2009；Клиновская，2007）、英国（Филатова，2004；Антонова，2010）、法国（Селютина，2005；Фенина，2008）、日本（Раздорская，2007；Завьялова，2009）、中国（Воропаев，2011）、蒙古国（Чимитова，2010）和拉脱维亚（Милевич，2003）等。

（三）研究视角

苏联和俄罗斯政治话语的研究主要包括以下几种视角。

1. 结构分析

政治话语的语言研究包括语音、构词、词汇和语法研究。Е. А. Филатова（2004）分析了英语国家政治话语的语音结构和词汇修辞，Л. Н. Попов（2007）探讨了В. В. Путин和Г. А. Зюганов公开演讲中的语调和伴随意义，С. Д. Чимитова（2010）对蒙古语中公众政治词汇的构词特点进行了研究，Т. Г. Ковалева（2008）研究了俄语和德语政治话语中的人称限定语。

在结构分析中，学者们更多地关注了政治话语的词汇研究。词汇是社会变迁的一面镜子，它以最直接的方式折射出社会生活中的点滴变化。词汇研究一方面表现为对政治话语中外来词的研究（Наумова，2004；Загоровская，Есмаеел，2008；Алеева，2008），另一方面表现为对政治词汇动态变化的关注。如 Л. Л. Бантышева（2007）分析了20世纪初政治词汇的语义结构特点及对政治词汇发展的影响；В. В. Шмелькова（2007、2010）分别研究了20世纪和20世纪中后期俄语词典中的政治词汇；Ю. В. Ошеева（2004）分析了1985~2000年俄语中的政治词汇和成语；Г. А. Заварзина（2007、2009）指出了新时期公众政治词汇特点；А. И. Едличко（2008）归纳了德语中国际性政治词汇的历时语义演变；М. Б. Геращенко（2009）发现了20世纪和21世纪世纪之交一些旧政治词汇的回归现象；О. Н. Журавлева（2003）以«Аргументы и факты»的社论文章为研究对象，分析了该类政治语篇中作者对成语的改造现象。

2. 修辞分析

政治话语的修辞分析主要指对政治话语体裁的研究。Е. И. Шейгал 是俄罗斯首位对政治话语体裁进行详细划分的学者。她提出了划分政治话语体裁的六个参数（机构性/正式性参数；主体和受话人之间的关系；社会文化；事件的定位；场结构，即该体裁在政治话语中中心性和边缘化程度；体裁空间的功能结构），并根据这些参数进行了体裁分类（2006）。例如，她根据机构性/正式性参数由低到高的凸显程度划分了以下政治话语体裁：

（1）家庭中的政治谈话、与朋友的政治谈话、与陌生人的谈话等，政治笑话、政治传闻；

（2）私自印发的传单和涂鸦，通常包含批判性的内容；

（3）公民表示支持或反对的电报和信函；

(4) 政治丑闻；

(5) 记者招待会；

(6) 公开政治讨论；

(7) 政治领袖的公开发言；

(8) 法律、法令等政治文件；

(9) 国际谈判、国家领导人间的政治会晤（Шейгал，2004：233 - 234）。

学者们具体研究了政治领袖、政治流派和政党的形象和语言风格。政治家的"形象"（имидж）塑造在很大程度上决定了其政治生涯的成败。А. А. Романов 等（2000）区分出俄罗斯政治家的"面具"："小丑"（В. В. Жириновский）；"强壮的经济领导人；聪明干练、勤劳的庄稼汉"（Ю. М. Лужков）；"粗鲁、不容妥协的军人"（А. Е. Лебедь）；"优等生"（С. В. Кириенко）；"专制君主"（Б. Н. Ельцин）等。Тянь Юань（2007）对比分析了普京和日里诺夫斯基的形象：普京是一位细心、谦虚、善解人意、平易近人、勇于担当、宽宏大量的领袖；而日里诺夫斯基则是语言贫乏、以自我为中心、攻击性强的"说教者"。

以下政治领袖的话语引起了俄罗斯学者的重点关注：俄罗斯总统普京（Белкина，2002；Гаврилова，2004а；Нахимова，2007）、美国前总统奥巴马（Шустрова，2010；Садуов，2010）、委内瑞拉前总统查韦斯（Мохова，2010а）、美国前总统布什（Фомина，2006）、英国前首相布莱尔（Фомина，2006；Садуов，2008）、德国前总统约翰内斯·劳（Керимов，2009）、德国前总理施罗德（Комисарова，2008）、乌克兰前总统库奇马（Базылев，2004）、南非前总统曼德拉（Мохова，2010b）、美国前国务卿赖斯（Матыгина，2009а）等。

此外，М. В. Китайгородская 和 Н. Н. Розанова 研究了"俄罗斯人民的声音"政党（Голос Российского Народа）及其领导人（Александр Лебедь，Владимир Жириновский）的语言特点。Н. А.

Красильникова（2004）分析了美国"绿色"环保组织的话语特征。

当代俄罗斯政治话语的体裁研究涉及社会政治的以下方面：

（1）政党、社会组织、机构相关：包括党纲（Бабаева，2003）、社会组织领导人的声明书（Мухаммадал-Бхаиси，2006）、国家杜马全会（Каблуков，2007）；

（2）竞选相关：竞选纲领（Солопова，2008）、竞选传单（Федотовских，2005；Култышева，2010）；

（3）总统相关：总统就职演说（Гаврилова，2006）、国情咨文（Гаврилова，2004b）；

（4）大众传媒相关：政治广告（Крючкина，2010）、政治访谈（Попова，1995；Докучаева，2003 等）、政治辩论（Ощепкова，2004；Верещагин，2007）、脱口秀（Попова，2004）、电视新闻（Васильев，2006）、政治家的博客（Диасамидзе，2010）；

（5）文学艺术形式：小说（Алексеева，2004；Андреева，2004；Шустрова，2007）、回忆录（Сурина，2007）、传记（Данилова，2009）、图式文学（графическая литература）（Садуов，2009；Зарема，2009）、小品文（Истомина，2008）、讽刺画（Артемова，2002；Ворошилова，2010）、政治格言（Бажалкина，2010）、政治家的信件（Кондратьева，2003）；

（6）其他功能语体：混合语篇（Ворошилова，2007）、外交电文（Рамазанова，2009）。

3. 认知语言学的角度

政治话语的认知研究集中体现在概念隐喻分析上。当代认知语言学认为，隐喻不仅是一种普遍存在的语言现象，更是我们思维和认识世界的方式，是认知和语言的纽带。在政治话语中，隐喻是操控大众意识形态的有力工具。А. П. Чудинов（2001）在《*Россия в метафорическом зеркале：когнитивное исследование политической метафоры（1991 –*

2000）》一书中首次系统分析了当代俄罗斯政治隐喻的四种类型：拟人隐喻、自然隐喻、社会隐喻和人工制品隐喻。在此之后出现了大量有关政治隐喻的研究（Сорокина，2003；Кондратьева，2003；Алексеева，2004；Сурина，2007；Данилова，2009；Ворошилова，2010；Мохова，2010a，2010b；Чудинов，2004，2008；Будаев，2006）。此外，Е. А. Лазарева、Е. В. Горина（2003）认为，为了更温和地影响读者的意识和情感，在大众传媒政治话语中经常使用认知碰撞手段。Е. Н. Пескова（2006）指出隐喻是政治话语中说话人意向表达的一种手段。Е. Г. Малышева（2009b）从认知语言学角度界定了意识形态素的概念，并对其进行分类。

4. 文化语言学的角度

政治话语的文化语言学研究第一体现在对先例现象的关注，如探讨政治话语中的先例模式（Гридина，2003；Немирова，2010）；政治语篇中先例名和隐含意义之间的关系（Полякова，2012）；政治话语中先例现象和互文性的关系（Немирова，2003）。第二体现在理念的研究。свой-чужой 理念是俄罗斯政治话语中永恒的话题，如 И. Г. Милевич（2003）指出，在拉脱维亚一家媒体中这组对立理念主要体现为俄罗斯人和拉脱维亚人的对立；Е. В. Кишина（2006）研究了政治话语中 свой—чужой 理念及其语言表现手段；П. Канчани（2007）对比分析了 свой—чужой 理念在俄罗斯和意大利政治话语中的体现及民族文化特点。此外，Е. В. Декленко（2003）对俄语和英语中"爱国主义"的含义及理念进行了对比研究。М. Д. Невинская（2006）探讨了"权力"和"人民"理念，以及这组对立理念在政治话语角色结构中的体现。М. С. Онищенко（2009）总结出"自由国家"理念在俄罗斯、德国和美国人民认知意识中的民族特点。Е. Г. Малышева（2009a）分析了"省长"理念在地区大众传媒话语中的体现。В. И. Карасик（2010）指出"自觉性"是苏联时期理念的时代特征。Е. Н. Пименова（2010）探讨了政治理念体系的组成并根据不同的标准对理念进行了分类。第三体现在形象研究。Е. А. Пименов（2010）和 Е. Н. Пименова（2007）分别分析了俄罗斯大众媒体中的乌克兰人和乌克兰国家形象；О. А. Солопова（2008）分析了政党纲领文件中"未来"的形象。第四体现在意识形态和价值观念研究。Н. А. Купина（2003）归纳出主要意识形态素词汇在党纲、政党名称中的体现；Т. А. Светоновова（2006）对比分析了价值观在普京总统和小布什总统发表的国情咨文和就职演说中的表现手段；В. В. Фенина（2008）研究了法国政治话语中的文化价值观；А. А. Клиновская（2007）分析了德国竞选杂志中的社会模式固见及其语言表现；О. Р. Жерновая（2010）指出，民族文化陈规随着社会的政治文化变化而发生相应变化；Н. Н. Ракитина（2007）对比分析了英国、美国和俄罗斯政治话语中缩略语的民族文化特点。

5. 语用学方法

首先是政治话语的策略研究，如简化主义策略（Миронова，2003）；当代报刊政治语篇中的诽谤策略（Руженцева，2003）；陈述策略、意识形态作用策略和论证策略（Зигманн，2003）；政治辩论中论证的策略和技巧（Ощепкова，2004）；英语政治话语中的说服交际策略（Калинин，2009）；竞选传单中的论证策略（Култышева，2010）。其次表现在言语行为的相关研究。Э. Ю. Попова（2004）分析了政治脱口秀节目中交际失败产生的原因（陌生的交际环境、违背交际对等原则、交际的仪式化、对受话人不合适的评论、交际期望未实现）；А. В. Шевчук（2004）对比分析了英国和俄罗斯两国政治访谈问话和答话中的语力表现手段；М. В. Китик（2004）以英国议会会议记录为研究对象，分析如何在词法、句法和词汇层面上降低话语的强度以及降低话语强度的目的；Е. О. Ильичева（2006）分析了俄罗斯、美国和法国政治领导人公开话语中推理的语用作用；Е. Л. Зайцева（2006）对俄语和法语政治话语中否定评价的对象及语言表现手段进行了分类分析。

6. 综合分析法

此外，许多学者综合运用了多学科的研究方法。如语篇、语义和修辞的研究（Гусева，2006；Белов и др.，2008；Скворцов，2009），政治报刊语篇的语义、句法、情态和语用的研究（Грушевская，2002），政治话语言语效力的机制及其在词汇、语法和修辞层面中的体现（Т. С. Комисарова，2008）。

当代俄罗斯政治话语研究呈现出蓬勃发展的趋势，出现以"政治语言学"（«Политическая Лингвистика»）命名的专著（Романов，2002；Воробьёва，2008）、教材（Чудинов，2007；Мухарямов，Мухарямова，2009；Тихонова，2012）和学术期刊《政治语言学》（«Политическая лингвистика»），已形成叶卡捷琳堡、伏尔加格勒、圣彼得堡、瓦伦涅日、克拉斯诺达尔等多个研究流派。俄罗斯当代政治话语研究的特点是，一方面在方法论上与国外研究接轨，但坚持描写方法为主；另一方面在研究上涉猎更加广泛。

二 汉语政治话语的研究概况

与国外相比，我国的政治话语研究起步较晚。"政治语言"研究是由陈昌文首先提出的。他在其以《政治语言论纲》（1993）为题的论文中指出，政治语言应当成为政治学和语言学的交叉研究课题，并对政治语言进行了划分。但是，他采用的是社会学视角，提出的体现语言政治性的句法结构以及对政治语言的论述大多数针对"集权社会"。陈昌文对"政治语言"研究的提议当时并未得到国内学者的关注，直到2002年，田海龙发表《政治语言研究：评述与思考》一文，有关政治语言的研究才逐渐引起国内学者的关注。

我国政治话语的研究主要包括以下几个方面。

（一）基础理论研究

田海龙（2002）评述了英美国家政治语言研究的一些理论和研究

方法，指出政治语言研究区别于其他语言研究的特点：它研究政治活动的参与者如何运用语言达到自己的政治目的，以及公众如何通过他们的语言了解这些政治活动的参与者。田海龙还提出了构建政治语言学学科的想法，认为该学科应该主要包括两大研究内容：语言的政治问题和政治的语言问题。可以说，田海龙是国内从语言学角度研究政治话语的第一人。胡亚云（2002a，2002b，2002c）认为，政治语言主要是政治活动中政治主体用来交流政治信息的语言，它包括语文语言和非语文语言；政治语言具有政治性、社会公共性、时代性和攻击性；政治语言的功能包括信息传播功能、议题设置功能、阐释与联系功能、行为鼓动功能及政治认同功能；政治语言的构成要素包括符号、符号系统、符码、文本、语境、话语。马敏（2004a）也阐述了对政治语言这一术语的理解并将政治语言从结构和功能的角度划分为四种类型（说服型、法理型、行政型、交易型）。王瀚东、胡华涛（2006）则对建立媒介政治语言学进行了思考。熊万胜（2007）从政治学角度批评了田海龙对政治语言概念的界定，并引入了政治语言学研究的双视角：语言学视角（包括七个主要的论域）和政治分析视角。雷大川（2009）从政治学的角度探讨了政治语言学的学科定性、学科任务、建构方法等问题。朱立华（2009）评介了著名英国语言学家保罗·切尔顿政治话语研究的理论与方法。杨可（2012）对俄罗斯政治语言学的发展脉络进行了梳理，对该学科的定义、该学科与其他相关学科的联系，以及该学科的研究对象、任务、目的、研究方法等基本问题进行了概述。需要指出的是，目前我国学者对该领域的研究多采用政治学的视角，语言学视角的研究仍较少。

（二）批评性研究

从20世纪70年代发展起来的批评话语分析被广泛应用于政治话语研究，解释如何运用政治话语中隐含的权力和意识形态对人们的行为和思想进行控制或操纵（Wodak，1989；van Dijk，1997）。国内出现了许多政治话语的批评性研究,尤其是政治演讲的批评性分析。此外,龙泽顺、陈建平(2008)对国外政治话语的批评性分析进行了评述。

(三) 系统功能语法研究

系统功能语法研究主要体现在以下四个方面。第一,人际功能分析,包括对整个政治语篇人际功能的分析(管淑红,2005;王红阳、程春松,2007)和对政治语篇中模糊限制语(张兆琴,2008)、情态动词(何咏梅,2009)、情态副词(何咏梅,2010)以及主语成分(赖雪花,2008)的人际功能分析。第二,对概念功能、人际功能和语篇功能的分析(张艳密,2009;姜雪、刘薇,2009)。第三,评价理论分析(杨婷婷、尹铁超,2009)。

(四) 语用研究

政治话语的语用研究主要分为以下几个方面。第一,政治话语中的模糊语。语言的模糊性是政治话语的典型特征之一,一些学者对各种政治场合中模糊语的分类、功能、表达手段、生成机制等进行了研究(郭立秋、王红利,2002;李颖,2003、2007;魏在江,2006)。第二,政治话语中的委婉语。委婉语是政治话语的典型特征之一。刘文革(2003)分析了伊拉克战争与委婉语;吴长旗(2005)从合作原则及礼貌原则的角度分析了新闻发布会上外交委婉语遵循的原则及使用方法;葛新新(2006)考察了政治委婉语的功能并以此为标准对政治委婉语进行分类,揭示了政治委婉语的生成机制:政治委婉语的生成是交际意图和各种认知假设相互平衡的结果。第三,语用策略的研究(马敏,2004b;陈丽江,2007、2009)。第四,政治话语和语用原则的研究(马莉,2003;姜志伟,2009)。第五,政治话语与语境的研究。陈丽江(2007a)从宏观的文化语境、中观的情景语境和微观的上下文语境解读我国政府新闻发布会的话语;孙吉胜(2009)以伊拉克战争为例,分析了在国际关系中,行为体如何在一定的语境下通过语言表达实现意图。第六,政治话语和预设的研究。张宇(2004)讨论了政治性访谈与辩论中前提的使用；谭明芳（2007）分析了美国总统就职演说中的预设触发语。此外，胡申、王静（2001）探讨了中外记者招待会的语用特征（坦率性、模糊性、委婉性、辩论性和幽默性）；陈利（2004）分析了英语政治类演说中元话语的使用规律及其语用功能；熊涛、何劲（2006）指出外交活动中的陈述型话语体现信息功能，表态型话语体现语言使用的互动功能。

（五）认知研究

政治话语的认知研究主要体现在政治隐喻的研究，表现为政治语篇中隐喻模式的研究、功能的研究、隐喻与意识形态之间的关系、中外政治隐喻的对比研究（黄敏，2006；朱小安，2007；张庆冰，2007；陈勇、刘肇云，2009；徐存良、孙磊，2009）。此外，赵晓囡（2010）以认知语言学的语言观为基础，讨论了政治演讲语篇《不自由 毋宁死》的连贯性，揭示出语篇的连贯性是表层/显性衔接手段（指称连贯、关系连贯）和深层/隐形衔接手段（隐喻与语篇连贯、相似性与语篇连贯、典故与语篇连贯）共同作用的结果。

（六）修辞研究

季广茂（1998）研究了隐喻视野中的政治修辞学。胡亚云（2001）指出，政治修辞是政治传播的手段，服务于政治传播的价值基础，包括五种理论范式：情景修辞、运动修辞、制度修辞、首脑修辞和反修辞。肖安法（2007）从语法结构、词汇和辞格三方面探讨了政治语言的修辞特色。

（七）翻译研究

政治语篇翻译方法及策略的研究。如研究政治语言的翻译方法（魏芳，2005）；政治演讲中模糊语言的翻译策略（刘朝晖，2007）；英语政治语篇中词语感情色彩的游移现象及翻译（何雅叶，2007）；政治演讲中隐喻的翻译（周红、朱芙蓉，2010）；政治演讲翻译中的译者主体性分析（李倩倩，2010）以及等效理论观照下和目的论观照下政治语篇的翻译（王瑞英，2007；陈方源，2008）等。

此外，在我国的政治话语研究中，还出现了政治词汇的文化内涵研究（窦卫霖，2007）、指称词语的分析（张帆，2007；吴丽丹，2009）、网络政治话语"被XX"的多元解析（段益民，2010）等。

总体上来说，我国的政治话语研究集中关注欧美政治语篇，少见本国政治话语研究，本土化研究有待加强。国内学者尚未普遍建立政治语言学学科意识，多是在语言学相关分支学科内关注语言与政治的个别问题。近些年来，相关研究数量虽见增加，但多为非核心期刊和学位论文，研究深度还待提高。

第二节　政治访谈研究概况

本书的研究对象是政治话语的一个具体体裁——政治访谈。政治访谈是政治交际的一种重要形式。当今，政治家与民众的交流更多地借助广播、电视、网络等媒介。政治访谈是政治家通过回答记者问题的方式实现与民众交流的一种形式。政治家进行政治访谈的目的是宣传自己的政治思想和观点，塑造个人形象，赢取民众的支持。政治访谈是政治交际的一部分，因此政治家和记者之间的政治交流也成为政治话语的重要组成部分。

一　俄罗斯政治访谈的研究概况

М. В. Юрина 把政治访谈视为政治交际的一种类型，是一种特殊的政治信息场（информационное поле политики）（Юрина，2006b：16）。作为一种特殊访谈体裁，政治访谈具有五个区别性话语特征：说服性、多主体性、信息性、评价性和机构性（Н. И. Лавринова，2009）。而 А. К. Михальская（2009）将政治访谈归为政治话语的根据是：1）它是一种规约性很强的言语体裁，按照一定的规范分配直接参与者的言语角色；2）它是一场"对话决斗"；3）它具有公开性：面向广大的听众或观众；4）具有形式化特点：访谈双方须遵守一定的言语礼节。

政治访谈有两种形式：书面的和口头的。书面的形式是指刊登在报纸和杂志上的访谈记录；口头的形式是指广播、电视、网络传播的音频及视频形式。俄罗斯学者对书面访谈的研究主要包括：1）对报纸访谈语言特点的研究（Андрамонова，1988）；2）对英、美国家报纸访谈修辞特点的研究（Заигрина，1988）；3）对报纸政治访谈的结构特点和修辞特点的分析（Попова，1995）；4）对英语报刊访谈话语认知模式的探讨（Шевченко，2006）；5）西班牙报刊访谈的语用分析（Сак，2005）；6）德国 Der Spiegel 杂志中访谈话语的对话性解读（Степанова，2006）；7）报刊访谈中的答话策略（Дубских，2008）等。

近些年来，访谈的口头形式引起了俄罗斯学者们的广泛关注，尤其是作为电视访谈节目的政治访谈。М. А. Стрельникова（2005）在俄罗斯和美国电视访谈节目的对比研究中涉及对政治访谈、商务访谈和艺术访谈三种访谈类型的分析（根据受访者的职业区分以上三种访谈类型）。她提出从结构和语言交际两个角度描述访谈节目（一般访谈节目）。结构角度包括对话特点（信息型或个体型）、访谈类型（事实访谈、观点访谈、人物访谈）、话题特点（单一话题或多话题）、访谈目的、独白言语行为特征（叙述、观点陈述、解释等）、邀请嘉宾的理由、语篇构成因素、访谈的结构布局、访谈参加者的特点九个因素。语言交际角度包括交际特点、言语行为特点（主要体现在词汇、修辞、句法层面上）、语篇特点和文化逻辑特点四个因素。И. В. Афанасьева（2010a，b）发现英语访谈节目中，参加者的言语行为特点与受访者职业有关：当受访者是政治家时，访谈多带有对抗性；而当受访者是文学家或艺术家时，访谈则呈现和谐性。另外，受访人的职业还影响访谈中时态的选择，政治访谈中凸现因果关系，主要通过现在时和将来时表达；而对文学家或艺术家进行访谈时，多通过过去时和现在时体现过程结果关系。

  С. А. Рисинзон（2009）从言语礼节的修辞表达手段入手，分析了外国记者分别对俄罗斯两位总统（现任总统弗·普京、前总统德·梅德韦杰夫）和英国两位前首相（托·布莱尔、戈·布朗）进行的采访。研究发现，言语礼节技巧是影响政治访谈顺利进行的一个重要因素。在英国和俄罗斯两国的政治访谈中，言语礼节的表达主要有三个功能：以受话人为取向的功能、维护交际的功能和元语言功能。这些功能在政治访谈中具体体现在：1）对间接受话人的正面评价；2）吸引听话人的注意力；3）弱化语势，降低陈述观点或评价时语气的绝对性；4）在坚持共同立场的基础上唤起集体认同感；5）注意话语组织手段，帮助受话人理解言语内容（如指出话题、明确话语之间的联系等）。С. А. Рисинзон 对比分析了上述言语礼节表达在英国和俄罗斯两国政治访谈中的使用频率，发现俄罗斯政治家经常使用话语组织手段、弱化语势和表达与受话人的集体认同感三种方法，而英国政治家较多运用弱化语势、表达正面评价和吸引听话人的注意力三种方法。

  政治访谈参与者的语用策略研究是政治访谈研究的一个重要课题。Т. Ю. Мкртчян（2004）对比分析了俄语和英语广播电视政治访谈中采访记者的言语行为和言语策略。М. В. Юрина（2006а）探讨了在德语政治访谈中，采访记者和受访政治家如何通过词汇语义和句法结构手段表达中立立场。М. П. Чуриков（2005）以德国政治访谈为语料，归纳出德国政治家在交际过程中经常使用的表示同意的八种技巧、表示不同意的七种技巧以及回避的七种手段。Н. И. Лавринова（2008）分析了英语冲突性政治访谈，指出政治家回避问题的七种方法和公开表示不同意的手段。И. В. Афанасьева（2010b）论述了采访中受访人如何使用时态（过去时和将来时）作为一种论证手段，以达到维护正面形象的目的。Н. Н. Кошкарова（2010а、2010b）总结出和谐型政治访谈中记者的技巧（请求、确认、道歉、赞同、恭维）以及政治家的技巧（沉默、中立立场、回避、确认立场）。

在俄罗斯政治访谈研究中还采用了社会语言学的视角。例如，И. В. Талина（2003）以访谈类言语体裁为语料，分别分析了俄罗斯和德国政治人物交际行为的性别特点。

此外，И. Комарова、Г. Н. Плотникова（2003）以政治访谈为对象从认知语言学角度分析了 20 世纪末政治话语的语义演变。А. К. Хурматуллин（2010）以鞑靼语和阿拉伯语政治访谈为例，分析了政治语篇中隐喻的使用特点。Н. Н. Кошкарова 从跨文化交际的角度指出语言和文化差异是政治访谈中产生冲突的一个重要原因。

二 欧美政治访谈的研究概况

Bull 和 Mayer（1993）认为，含糊其词是政治访谈最主要的特点之一。Bull 和 Mayer（1993）对政治家的零回答（non-replies）进行了分类：1）政治家对问题视而不见；2）接受问题但不回答；3）质疑问题（包括要求进一步解释问题和反问记者两种情况）；4）攻击问题（包括八种具体情况）；5）攻击采访记者；6）拒绝回答（因无能力拒绝或不愿意回答）；7）阐述政治观点（包括八种具体情况）；8）不完整的回答（包括八种具体情况）；9）重复对上一个问题的回答；10）说明或暗示对这一问题已做出回答；11）道歉。Bull（1994）根据问话的形式判断答话的信息是否完整，将政治访谈中的答话分为回答、居中回答和零回答，如特殊疑问句对缺少的变量进行提问，如果答话中填充了这一缺少的变量，则视为回答。同时，Bull 指出，很难判断针对一般疑问句的答话，因为政治家很少直接使用 yes/no，有时答话中使用模糊限制语（probably, perhaps, to some extent），有时答话中虽含有 yes/no，但是并不等于肯定或否定，比如 yes 仅承认存在这一问题等。Bull 所说的居中回答包括三种情况：1）隐含回答，观点明确，但是未直接表明；2）

不完全回答；3）被打断的回答。

Clayman（1993）发现在新闻访谈和记者招待会中，政治家有时先重新表述问题，然后再回答。借助重述问题的方式，政治家有时在这种"概括"的幌子下，逐步将问题转移到对自己有利的话题，有时在"回顾问题"的幌子下，选择回答多成分问话中的某一个问题。Bull 和 Fetzer（2006）分析了政治访谈中代词转换的功能、其潜在的语效：不仅可以增强说服力，还可以作为一种策略，达到含糊其词的效果。有些学者比较正面地评价了政治家含糊其词这一特点，如 Bavelas 等（1988）在定义含糊其词时借用了 Haley 交际模式中所包含的四个成分：I（sender）am saying this（content）to you（receiver）in this situation（context），认为如果缺少了这四个成分中的任何一个，即被视为回避。Bavelas 等认为，政治家的回避并不意味着这是个人缺点或政治家怀有不可告人的企图，实验和计算方法证明，回避是因为交际情景所致。Ekström（2009）探讨了瑞典政治访谈中政治家宣布拒绝回答这一特殊行为，分析了该行为在词汇表达上的特点，指出政治家宣布拒绝回答的同时一般会解释原因。他认为，这一行为具有积极效果，是一种适度的保持距离的做法，避免了对记者行为的正面指责以及由此可能引起的争端。Dickerson（2001）指出在政治访谈中，政治家经常挑战上一个记者的话轮，通常有 12 种表达方式，但是不同于日常会话，政治家很少将这种挑战个人化，而是和记者合作共同引导访谈的进行。

话轮被打断频率较高是政治访谈的另一个重要特点。Beattie（1982；Beattie, Cutler & Pearson，1982）分析了 Margaret Thatcher 在访谈过程中频繁地被打断的原因，虽然这一研究结果受到了 Bull 和 Mayer 的质疑（1988，1989；Beattie，1989a，1989b）。

Fetzer 和 Johansson（2007）分析了英国和法国政治访谈中透露行为（acts of confiding）的语言表现形式及交际功能。Fetzer（2008）的研究对象是对 1997 年英国大选和 1998 年德国大选的失利方进行的 12 场采访中不结盟意愿的表达方式。研究发现，在相同的语境下，两国政治家在访谈中的论证策略十分相似，但是选择表达不结盟意愿的方式却相差很大。

三 国内政治访谈研究概况

政治访谈无论是作为政治话语的一个体裁，还是作为一种特殊的新闻访谈类型，目前都没有引起国内学界的充分关注。在中国期刊网上以"政治访谈"为关键词和篇名进行检索，仅发现二十余篇相关研究文章，且半数以上为硕士学位论文。现有研究基本在语用学和系统功能语言学框架内，以英语政治访谈为研究对象，主要关注政治访谈中的模糊现象的表现形式（朱怡，2004）、模糊限制语的元语用功能（赵晓宇，2014）及人际功能（彭征宇，2007）、话轮分析（林海洋，2017）、缓和策略（吴尚泽，2016）等。

通过以上对政治访谈的梳理可以看出，俄罗斯学者普遍把政治访谈看作一种兼具政治话语和新闻话语特点的言语体裁，政治访谈的书面及口头形式、语言特点和访谈结构、言语礼节及语用策略都进入了俄罗斯学者的研究视角。相比而言，欧美学者对政治访谈的研究多聚焦在政治访谈中的模糊现象、打断话轮、论证策略等。而我国学者对该领域的关注较少，且以欧美英语国家的政治访谈为主，对其他国家及我国的政治访谈研究则较少。因此，对俄罗斯及我国政治访谈的系统的语用分析具有重要的理论和现实意义。

第二章
政治访谈研究的理论基础：政治语言学与语用学

第一节 政治语言学的理论与方法

政治语言学（Политлингвистика）这一概念由 А. П. Чудинов 于 2001 年在其专著《隐喻镜中的俄罗斯：政治隐喻的认知研究（1991～2000）》一书中首次提出。2002 年，А. П. Чудинов 的《政治语言学》（«Политическая Лингвистика»）一书在叶卡捷琳堡问世；四年后，《政治语言学》作为大学教科书由俄罗斯 Флинта 出版社在莫斯科出版。同年，由 А. П. Чудинов 主编的"政治语言学"从《乌拉尔语言学协会通讯》«Бюллетень Уральского лингвистического общества» 的专栏升级为独立的同名学术期刊。[①] 至此，俄罗斯的政治话语研究进入了一个新的阶段，政治语言学作为一门新兴的独立学科逐渐进入了俄罗斯的语言学研究领域。

一 研究对象

政治语言学的研究对象是首先需要明确的问题。А. П. Чудинов

[①] 《政治语言学》2006 年在《乌拉尔语言学协会通讯》"政治语言学"专栏的基础上独立成为定期出版的学术期刊，短短四年后成为俄罗斯教育部最高学术委员会（ВАК）认定的核心期刊。近年的俄罗斯学术引用数据（РИНЦ）统计表明，该期刊在俄罗斯语言学期刊中的引用率名列前五强。——转引自杨可《俄罗斯现代政治语言学——一门新兴的交叉学科》，《中国俄语教学》2012 年第 1 期，第 7~10 页。

认为，该学科的研究对象是政治交际，而政治交际的功能是争夺政治权力，它是针对宣传某种思想的言语活动，其目的是影响公民情绪，鼓动他们采取政治行为，以在社会观点多元化的情况下，达成社会共识、采取并论证社会政治决策。在俄罗斯政治话语研究中，与政治交际同时使用的有公共政治言语（Т. В. Юдина）、政治话语（Е. И. Шейгал）、公共思想语言（П. Н. Денисов）、政治语言（О. И. Воробьёва）等多种表达。不同的术语表达，一方面表明了俄罗斯学者从不同角度理解、研究政治话语，另一方面也表明了这一概念尚未有统一的界定。

А. П. Чудинов 在《政治语言学》一书中尝试界定了政治语言、政治语篇、政治言语、政治话语这些概念。他认为，政治语言（политический язык）不是一种特殊的民族语言，而是政治领域的民族语言的变体；政治语篇（политический текст）首先体现在语篇的连贯性和完整性方面，包括口头的（集会或议会辩论上的发言、党代会上的报告、政治领袖的电视访谈等）和书面的（报纸上的社论和分析性文章、传单、政党的纲领等）两种形式；政治言语（политическая речь）指政治语篇创造过程中全民语言的使用；政治话语（политический дискурс）的内容则应包括存在于说话人和听话人意识中的、能够影响言语的生成和理解的成分（Чудинов，2007：32－35）。А. П. Чудинов 的这种界定主要是建立在语言、语篇、言语、话语这些概念本身之间的区别的基础上。Е. И. Шейгал 认为，政治话语和政治交际可被视为近义词，而政治语言是形成政治话语符号空间结构的符号总和，包括言语的（政治术语、人名等）、非言语的（政治标记、象征）及一些非特殊化的符号（人称代词）（Шейгал，2004：20－22）。笔者比较认同 Е. И. Шейгал 的观点。

目前，政治话语这一术语的使用相对更加广泛。俄罗斯学者对政治话语的理解大致可以分为狭义理解和广义理解两种观点。

狭义理解将政治话语局限于机构话语形式，如就职宣言、总统咨文、政党纲领、总结报告等在社会机构中实施的言语行为。俄罗斯学者 А. Н. Баранов 和 Е. Г. Казакевич 认为，政治话语是所有用于政治辩论的言语行为，以及传统所崇尚和经过经验检验的公共政治规则的总和（Баранов Казакевич，1991：6）。

目前对政治话语持广义理解的观点得到俄罗斯多数学者的认同。В. В. Зеленский 从政治这一概念入手，区分出其社会机构和个人两个层面的特点（Зеленский，1996：371）。М. В. Ильин 也指出政治话语的两面性：一方面，政治话语可被狭义地理解为目的性话语（дискурс целедостижения）；另一方面，政治话语可超越言语活动的界限，包括其他种类的行为，如集会时"无声地"表达意图等。政治话语比纯语言话语既狭隘又宽泛，这一特点由其政治性质决定。政治话语的性质从广义来说是符号学的，从狭义理解是政治的（Ильин，2002：7-19）。Е. О. Опарина 认为，政治话语指社会政治交际的语篇总和（Опарина，2002：20-31）。

Е. И. Шейгал 做出一个十分形象的比喻："不同角度的政治谈话（如日常生活的、艺术的、政论的等）就像政治斗争这条大河的不同分支，不管它们怎样各具特色，最终还是为政治意识的形成和社会观点的确立服务，最终必将融入政治进程中。"她认为，在言语主体、受话人和内容三个要素中，只要有一个要素与政治相关，就属于政治话语（Шейгал，2004：23）。Е. И. Шейгал 这种广义理解的观点得到了俄罗斯多数学者的认同。

А. П. Чудинов 根据语篇的创作者和语篇创作的目标对象，区分出政治交际的核心类型和边缘类型。前者包括：1）机构型政治交际，指在国家或社会机构内部的交际。2）公开政治活动中的政治交际，这种交际是政治领袖和政治积极分子的职业和社会活动的实现形式，其受众是各个阶层的人民。鲜明例子有竞选宣传、议会辩论、国家领导人或机构面向大众的正式发言等。3）由记者或通过记者实现的政治交际，这类交际面向广大听（观）众，如访谈；记者、政治学家或政治家撰写的现象分析。在上述情况中，记者吸引听（观）众关注某些问题，提出解决方法，传达政治组织或政治人物对该问题的看法，帮助政治家解决问题。多数民众正是通过大众传媒得以了解政治。4）参加集会、会议、示威游行的普通公民的政治言语活动，这类交际参与者通常被理解为人民、选民、劳动者或与职业、年龄、居住地等相关的公民群体的代表。边缘类型包括有关政治话题的文学语篇、日常语篇和科技语篇，它们属于政治交际的外围（Чудинов，2007：36－37）。

笔者认为，一方面，需要承认关于政治话题的日常话语、文学话语和科技话语等边缘型政治交际对政治生活及其进程的影响及作用；另一方面，需要坚持政治交际的核心类型才是政治语言学真正的研究对象的观点。

二　研究目的

А. П. Чудинов 提出，政治语言学是政治学和语言学的交叉学科，同时借用民族学、社会心理学、社会学及其他人文科学的研究成果，研究如何运用语言资源获得政治权力和操控公共意识。政治语言学的主要目的是研究语言、思维、交际、政治活动主体、社会政治形势之间多种形式的相互关系，从而为制定政治活动的最佳策略、战术创造条件（Чудинов，2007：7）。学者田海龙指出，政治语言学包括两大研究内容：语言的政治问题和政治的语言问题，后者是研究政治活动的参与者如何运用语言达到自己的目的，以及听众如何通过他们使用的语言认识这些政治活动的参与者（田海龙，2002：23－29）。

政治语言学并不是研究语言本身，而主要是通过分析语言来研究语言的社会功能，因此更关注的是语言所体现的社会、政治和文化因素。

三 研究方法

政治语言属于语言学的范畴，因此要借助语言学的研究成果（语用学、话语分析）来发展自身（田海龙，2002：23~29）。

（一）话语分析方法

现代政治语言学的主要研究原则是话语方法（Чудинов，2007：3-9）。也就是说，在分析每一个具体的政治语篇时，需要考虑该语篇创作的政治背景，该语篇与其他语篇的关系，作者的创作目的、政治观点及个性特征等因素。

政治话语的话语分析包括批评话语分析（критический дискурс-анализ）和描写话语分析（дескриптиный анализ дискурса）两种。

批评话语分析是从批判的视角研究话语和社会结构之间关系的话语分析方法。政治交际的批评话语分析研究者们（T. A. ван Дейк、P. Водак 等）致力于通过语言分析揭示社会的、民族间的、性别间的各种不平等现象，以及政治家如何操控民众的意识。他们积极参与社会活动，寻找避免各种社会冲突的途径。批评话语分析之所以是批评的，是因为它旨在揭示语言是如何被用于实施社会政治控制并导致或维护社会不平等的。批评话语的研究对象通常是创作于社会危机时刻的语篇以及反映交际者不平等地位的语篇，通过细致的分析，挖掘普通民众难以察觉的语言、权力和意识形态之间的互动关系，捕捉交际者隐藏的交际意图，使人们对此具有更清醒的认识。

批评话语分析本身的研究方法层出不穷，从 Fowler 的批评语言学到 Fairclough 的社会文化分析法、ван Дейк 的社会认知分析法以及 Водак 的语篇—历史法，虽然它们在分析的角度和方法、对语境的理解等方面存在差异，但是所有的分析都是以问题为出发点，而不是以文本中的具体语言形式为出发点，同时都强调语境的重要作用，将关于社会和历史条件的综合信息看作任何分析的先决条件（纪卫宁，2008：76~

79）。由此看来，批评话语分析与政治语言学的研究目的（研究语言、思维、交际、政治活动主体、社会政治形势之间的各种相互关系）是一致的，因此批评话语分析成为政治话语有力的分析工具。

与批评话语分析不同，描写话语分析的研究者们只记录政治交际中的新变化，并不对这种变化给予正面或负面的主观评价。他们通常建立政治语篇数据库，进行定量研究，在此基础上总结出政治交际在性质上的特点。这种研究的任务是厘清政治社会生活和政治语言使用的互动关系，寻找用统计学的方式表现出来的政治话语的运作规律。该流派研究者在初期的口号是"数据库越大越好"，但是现在越来越多的学者开始注重以某一问题为专题的专门化的小型政治语篇数据库，如与某一政治事件相关的、与某个机构话语相关的或与某一具体时期相关的数据库。

本书采用描写话语分析方法，建立一个以政治访谈为专题的小型数据库，尝试从数据分析中挖掘出政治访谈交际的话语特征。

（二）认知语言学的研究方法

当代认知语言学认为，隐喻不仅是一种普遍存在的语言现象，更是人类普遍的认知思维模式，是对世界进行概念化和范畴化的一种强有力的认知工具。Lakoff 认为："隐喻普遍地存在于我们的日常生活中，不但存在于语言中，而且存在于我们的思维和行为中。我们赖以思考和行为的日常概念系统，在本质上也是隐喻性的。"（Lakoff，Johnson，1980：1）因此，隐喻作为一种认知工具，可以被运用到人类生活的各个领域。

在人类的社会活动中，隐喻与政治有着天然的联系。"政治的世界是复杂和充满价值观的，无论在认知上还是在感觉上都远离人们即刻的日常经验。"（Thompson，1996）因而，我们需要借助隐喻"从熟悉的、有形的、具体的、常见的概念域来感知生疏的、无形的、抽象的、罕见的概念域，从而建立起不同概念系统之间的联系。"（王寅，2007：492）隐喻作为一种认知现象，频繁用于政治宣传，服务于某种政治目的,直接或间接地为政治利益服务,成为操控大众意识形态的有力工具。

(三) E. И. Шейгал 的政治体裁分析法

E. И. Шейгал 是俄罗斯首位对政治话语体裁进行详细划分的学者。她从以下 6 个参数对政治话语进行了区分:1) 机构性/正式性参数;2) 主体和受话人之间的关系;3) 社会文化;4) 事件的定位(дифференциация по событийной локализации);5) 场结构即该体裁在政治话语中中心性和边缘化程度;6) 体裁空间的功能结构。(Шейгал,2004:232 – 246)

政治访谈作为一种独特的政治话语体裁尚未引起足够多学者的关注。E. И. Шейгал 的政治体裁分析法有助于笔者界定本书的研究对象——政治访谈。

(四) 综合分析法

政治话语研究中有时还会借用其他语言学分支学科的研究方法,如修辞学、文化语言学、语用学等。如 Chilton 和 Schaffner 在分析政治语篇时,顾及语言的所有层次和方面:语用层次(说者和听者的交流)、语义层次(词汇的结构和意义)和句法层次(句子的内部结构)(Chilton,Schaffner,1997:206 – 230)。

政治语言学的产生和发展源自社会发展和语言学发展两方面的需求。一方面,社会发展的需求表现在政治交际作为人类活动的一种复杂形式,其本身就需要研究,政治话语研究不仅可以帮助政治家借助语言达到其政治目的,也可以帮助百姓了解政治家的真实意图及本质。另一方面,随着语言运用研究的深入,这种对语言实际运用的研究逐渐与社会生活的方方面面不可避免地联系起来,形成了语用学与话语研究在理论方面的互动、材料研究的交叉与拓展,产生诸如语言反映语言使用者的个性、思想意识、社会地位、权力关系等方面的课题。虽然政治语言学作为一门独立的学科还未得到俄罗斯某些学者的认可，但 E. O. Опарина 认为，在出现心理语言学和社会语言学之后，政治语言学的出现是迟早的事（Опарина，2002：31）。

第二节 语用学的理论与方法

语用学这个术语出现于 20 世纪 30 年代。1938 年美国逻辑学家 C. W. Morris 在《符号学理论基础》一书中提出符号学包括三个组成部分：句法学、语义学和语用学。句法学研究符号与符号之间的形式关系；语义学研究符号与所指对象之间的关系；语用学研究符号与使用者之间的关系。

20 世纪上半叶的语言学界呈现语言结构描写一枝独秀的局面。作为语言学的分支学科，语用学在国际范围内的兴起大约在 20 世纪 70 年代。迄今为止，在三四十年的时间里，语用学的发展十分迅速，就研究的广度而言，指示语、语境、会话含义、言语行为、会话结构等课题已成为语用研究最充满活力的部分，而原型理论、语用模糊、语用策略、语境顺应、机构话语等内容也进入了语用学研究者的视野。语用理论的发展尤其体现为语用原则研究的不断深化：Grice 于 1967 年提出了会话合作原则；Leech 于 1983 年提出礼貌原则及其次准则，对前者进行补充和修正；1986 年 Sperber 和 Wilson 提出了以认知理论为基础的关联原则；1991 年 Levinson 较为系统地提出新格莱斯语用机制，把话语的一般含义纳入语用原则的范围；1999 年 Verschueren 提出语用学是对语言的一种综观的观点和语言顺应论，使语用学与社会、文化、心理、认知等领域的联系日益紧密。

语用学是一门年轻的学科，它的产生和发展是语言对意义的研究摆脱形式逻辑、实证主义的束缚，转向语言中人的因素和面向生活逻辑、日常逻辑的必然趋势。在第五届国际语用学学会的会议上，该学会宣告:"语用学可以被非常广义地看作对语言之认识的、社会的及文化的视角研究。"(Jackendoff R., Bloom P., Wynn K., 1999:148)政治访谈的语用研究是对语言之社会的、政治生活的视角研究,而俄汉语政治访谈的对比研究则反映出语言使用在不同民族文化语境下的特点。

一 言语行为理论

言语行为理论从一个新的视角研究语言,它关注的既不是语言自身的语法结构(像结构主义语言学那样),也不是语言的潜在系统(像系统功能语法那样),它关注人们以言行事、如何以言行事以及以言行事后产生的交际效果。言语行为理论由 Austin 开创、Searle 进行补充完善,是从行为角度阐释人类言语交际的一种重要理论。

Austin 早期提出了叙述句和施为句相对立的两分理论。前者指"言有所述",用于描述事物状态或陈述某种事实,有或真或假的意义区别,如 It is raining now;后者指"言有所为",说话即是在实施某种行为,如 I do(用于结婚仪式过程中)。施为句没有真或假意义的区别,但必须有合适条件。后来 Austin 放弃了这种两分理论,提出了著名的言语行为三分说:1)言说行为,其功能是以言指事;2)意向行为,其功能是以言行事;3)取效行为,其功能是以言成事。Austin 特别关注意向行为,他将此类行为分为裁决型、行使型、承诺型、行为型和阐释型五种类型。

Searle 进一步发展了言语行为理论。首先,他主张把言语行为分为四大类:发话行为、命题行为、施事行为和成事行为。Searle 和 Austin 的分歧充分表现在他们在对语义和语力之间关系的认识上的差异。Searle 认为不同的话语可以表达同一命题,但有不同的语力。其次,他提出了言语交际应遵守的构成规则。他以"许诺"为例,确定了九条充分和必要条件说明言语行为的构成规则,并以此为基础概括出适合一切言语行为顺利实施的有效条件:预备条件、命题内容条件、真诚条件和本质条件。这四个条件是界定、区分言语行为的重要依据。再次，他批评 Austin 对意向行为的分类，认为不同类型的意向行为的差别至少有 12 个重要方面。在此基础上他提出自己对意向行为的分类：断言行为、指令行为、承诺行为、表态行为和宣告行为。最后，他提出了间接言语行为的概念。"间接言语行为是通过实施另一种施事行为的方式间接地实施某一种施事行为。"（Searle，1979：31）间接言语行为又分为规约性和非规约性的间接言语行为。前者指对"字面语力"做一般性推导而得出的间接言语行为；后者则需要依靠语境和说话双方的共知语言信息来推导。

根据言语行为理论，政治访谈中记者的提问表示直接言语行为"询问"，对听话人具有意动性。政治家的回答由意向行为引发，同时本身也是有意图的，意图可以是回答、质疑、攻击、回避等，可表现为直接和间接言语行为。受大众传媒机构和政治机构的影响，政治访谈的意向行为独具特色（见本书第四章）。

二 语用规则

1967 年美国语言哲学家 Grice 在哈佛大学的学术讲座中阐述了会话含义理论，其核心是合作原则。这是一个要求交谈参与者共同遵守的一般原则。合作原则包含以下四条准则（索振羽，2000：56）。

第一，量的准则：指所提供的信息的量，即所说的话应包含为当前交谈目的所需要的信息，所说的话不应包含多于需要的信息。

第二，质的准则：所说的话力求真实，尤其是不要说自知是虚假的话，不要说缺乏足够证据的话。

第三，相关准则：所说的话是相关的。

第四，方式准则：清楚明白地说出要说的话，尤其要避免晦涩，避免歧义，要简练而有条理。

在现实交际中，由于种种原因，人们并不严格地遵守合作原则及其相关准则和次准则。当说话人违反了这些准则或次准则时，听话人就迫使自己超越话语的表面意义，设法领悟说话人所说话语的隐含意义。这种话语的隐含意义就是会话含义。

合作原则将研究视角深入地触及话语潜在含义的分析上，为语用学研究提供了新的突破。但是合作原则也有自身的不足和局限，语言学家纷纷对其进行评论和修正，主要有三种做法。第一种是基本肯定，对合作原则的准则尤其是量准则做了更具体、更精细的形式化分析。如 Horn 从说话者和听话者两个角度提出 Q-原则和 R-原则；Levinson 提出由量原则、信息原则、方式原则构成的 QIM 三原则，构成新格赖斯会话含义理论的核心内容。

第二种在认同的基础上，补充新的原则。如 Leech 创建了合作原则的援救原则——礼貌原则，具体包括得体、宽宏、赞誉、谦虚、一致、同情六条准则。此外，他还提出反讽、逗乐、有趣、乐观四原则作为补充。他认为礼貌原则具有级别性、冲突性、合适性的特点。

第三种做法是完全抛开合作原则，另立新原则。如法国学者 Sperber 和英国学者 Wilson 提出的以认知为基础的关联理论。关联理论认为，语言交际过程遵循着一种称作明示—推理的交际模式。Sperber 和 Wilson 提出两条相互联系、相互制约的规则来描述关联性：在相同的条件下，为处理话语付出的努力越小，关联性就越大；在相同的条件下，获得的语境效果越大，关联性就越大。

政治访谈中，受访政治家在回答记者的问题时，并不总能遵循合作原则，他们有时过多地提供对自己有利的信息，有时对敏感问题避而不谈，有时使用模糊晦涩的语言。针对这些情况，作为访谈领导者的记者如何领悟政治家的会话含义，使用哪些策略保障访谈顺利进行是本书研究的重点之一（见本书第四章）。

三 会话分析

从 20 世纪 60 年代末到 70 年代初，Sacks、Schegloff 等西方社会学家对自然会话的结构进行了观察和分析,开创了会话分析理论。他们热衷于现场即席会话,不遗余力地记录能够捕捉到的一切信息,形成了一套独特的转写系统。他们的研究使人们注意到许多以前被忽视的或被认为应该过滤掉的现象,如话轮、话轮转换规则、话轮转换的关联位置、停顿、打断、重叠等。

语用学研究会话结构的目的是要通过探索自然会话的顺序结构来揭示会话构成的规律,解释会话的连贯性。对会话结构的研究可以从整体结构和局部结构两个方面着手,前者是从整体上去看一个完整的会话过程是怎样构成的,涉及完整会话的开端、主体和结尾;后者或研究会话整体结构中的某一特定阶段,或对话轮间的局部衔接结构进行研究,如话轮的转换机制、会话结构的基本单位、纠偏机制等。

Sacks 等把会话看作话轮交替(turntaking)的过程,并把一说话人在另一说话人开始说话前所说的话叫作话轮(turn)。关于会话的基本单位存在两种观点。第一种观点以 Sacks 等为代表,他们提出会话的基本单位是"相邻对"(adjacency pair)。相邻对应具有以下特征:相邻对是一前一后两个轮话,这两个轮话是相邻的由不同的说话者分别说出;顺序分别是第一部分(始发语)和第二部分(应答语);有一定的类型,即始发语要有特定的应答语相匹配,如问候/问候、提议/认可或拒绝(Levinson,1983:303 - 304)。第二种观点以 Tsui 等为代表,他们认为会话的基本单位是指发话、反应和后续等三部分的交替(Tsui,2000:32)。

Sacks 等发现会话中最基本的一条规律就是:每次至少有一方,但又不多于一方在说话。会话之所以能够如此有序地进行,是因为在会话中存在一种控制话轮转换的机制,即一套控制说话权或分配说话权的规则系统。这套话轮转换规则如下。

(1)用于任何话轮的第一个话轮结构单位的第一个转换关联位置。

①如果在这个话轮中,现在的说话者选择了下一个说话者,那么被选的说话者有权而且必须接下去说话,其他人无权说话或者不必说话。

话轮转换发生在选完说话者时的第一个关联位置。

②如果现在的说话者未选择下一个说话者，那么别的会话参与者可以自选成为下一个说话者（但不是必需的），最先说话者获得下一个话轮，话轮转换发生在那个转换关联位置。

③如果现在的说话者未选择下一个说话者，那么现在的说话者可以继续（但不是必须）说话，除非别的会话参与者自选索取话轮。

（2）如果在第一个话轮结构单位的第一个转换关联位置，规则（1）①和规则（1）②都没有被运用，而是运用了规则（1）③，现在的说话者继续说话，那么在下一个转换关联位置可再次运用规则（1）①②③，并且可以在下面的每一个转换关联位置循环运用，直到话轮交接发生为止。（刘宏，2003）

实际上，对话并不总是这样有序地进行，对话过程中常出现话语重叠、打断等现象。

可以把每一场政治访谈都看作一个完整的会话，由访谈的开端、主体和结尾三个部分组成。受大众传媒机构的制约，政治访谈中形成了独特的话轮转换机制。但是访谈过程并不是严格地依照话轮转换机制进行，而是经常出现打断、重叠等情况。因此，有必要研究在双重机构制约下的政治访谈的会话结构特点，挖掘隐藏在会话背后的机构规则和政治文化现象。

四　俄罗斯的对话统一体理论

俄罗斯语言学家对对话的研究可追溯到 Л. П. Якубинский 于 1923 年发表的《论对话语》一文。他在这篇文章中强调了对话中人的因素，把语言看作人的一种行为；区分出言语交际的两种形式：对话和独白。其中前者体现为行动（акция）和反应（реакция）相对迅速地交替进行，后者表现为交际时作用持久的形式。此外，他还发现了交谈者说话的规律以及日常会话中的程式性特点（шаблонность）。Л. П. Якубинский

的这些思想在 20 世纪中后期西方学者提出的言语行为和会话分析理论中得到了体现和发展。

Н. Ю. Шведова 在《俄语对话语研究》中提出了对话统一体（диалогическое единство）概念。她认为，"两个按照一定的语法规则组合在一起的话语叫作话轮，其中第二个话轮在结构上受到第一个话轮的制约。话轮组成的复合结构是对话的交际单位，而这个复合的结构叫作对话统一体"（Шведова，1956：68 - 69）。但是 Н. Ю. Шведова 对对话统一体的界定是出于对话轮间语法联系的观察。

此后许多俄罗斯学者都尝试界定俄语对话统一体，如："对话统一体是带有两个在形式和意义上有紧密联系的话轮的对话言语单位"（Земская，1987：177）；"对话统一体是最大的对话言语的结构语义单位"（Бабайцева，Максимов，1981：261）；"对话统一体是一种特殊结构，其中会话双方的话轮在词汇—结构上紧密关联并失去了句法独立性"（Лаптева，1976：48）等。这些概念在一定程度上深化了对对话统一体的理解，但是仍局限于结构—语义视角。

А. Н. Баранов、А. Н. Крейдлин（1992）在《对话结构中的意向支配》一文中提出最小对话单位（минимальная диалогическая единица）概念。该文首先引入意向支配（иллокутивное вынуждение）概念，即指一个话轮或其对应的言语行为在意向上对另一个话轮或相应的言语行为提出的要求。文中提出两组相互对立的概念。第一组为意向非从属言语行为与意向从属言语行为，前者指在对话片段中言语行为的意向目的受说话人本身的意向所制约，而后者指言语行为的意向目的受前一个话语所制约。第二组互相对立的概念为绝对非从属言语行为与绝对从属言语行为，前者指对话中没有可以对该话轮施加意向支配的其他话轮行为，后者指对话中没有可供该话轮行为施加意向支配的其他话轮行为。以上概念是最小对话单位的基本元素。最小对话单位指对话双方（说话人和受话人）话轮的序列关系，具有以下特点：

(1) 对话中的话轮围绕一个统一的话题；
(2) 对话开始于绝对非从属言语行为，结束于绝对从属言语行为；
(3) 在这一序列范围内所有的意向支配和自我支配都得以完成；
(4) 在该序列内部不存在其他符合上述三个条件的次序列。

（1）（2）（3）保证了序列作为对话单位的地位，（4）保证了这一单位的最小性。А. Н. Баранов 和 Л. Н. Крейдлин 对最小对话单位的界定突破了结构—语义视角的束缚，同时兼顾了话轮间的功能、语义和句法特点，较为严谨和科学。

政治访谈中，记者提问、政治家回答的言语互动实际上就是一个个的问答类对话统一体。记者的提问是对话统一体中的刺激话轮，而后一句反应话轮则是政治家对提问的肯定或否定的回答、发表意见、提出疑问等。А. Н. Баранов 和 А. Н. Крейдлин 的最小对话单位理论有助于帮助我们认识访谈主体部分的结构特点，正确判断政治家的回答是否完成了记者询问行为中的意向支配。

第三节 政治访谈的界定

一 政治话语与大众传媒

从新闻传播起源的历史来看，传媒是作为政治斗争的工具而产生和发展的。"大众传媒从出现的第一天开始，就介入到了政治和政治活动中，它是一种工具、手段、途径，有时甚至就是政治本身。"（刘华蓉，2001：7）随着大众传媒技术的迅猛发展，政治交际与大众传媒之间的关系越来越紧密。大众传媒已进入和影响所有的现代政治场所和政治活动领域。政治家与民众的交流较少采用直接的、面对面的形式，大多是通过报纸、广播、电视、网络等媒介。Е. И. Шейгал 把大众传媒因素视为政治话语的系统构成（системообразующий）特点之一。"当代政治话语的特点是以大众传媒为中介。大众传媒已成为政治交际中最重要的参与者,如果将大众传媒从政治话语中分离出去,那么当代政治话语图景就会黯然失色、歪曲变形。"(Шейгал,2004:58) В. И. Карасик 指出,当代政治语言的特点是大众传媒已成为它的生存环境(Карасик,2002:281)。А. П. Чудинов 提出的政治交际的四种核心类型包括了由记者或通过记者实现的政治交际。他认为诸如访谈和由记者、政治学家或政治家撰写的现象分析等都是面向广大听(观)众和读者的。记者吸引听(观)众关注某些问题,提出解决方法,传达政治组织或政治人物对该问题的看法,帮助政治家解决问题。多数民众正是通过大众传媒了解政治的(Чудинов,2007:36 – 37)。

政治生活离不开大众传媒,政治传播的功能又是大众传媒的主要功能之一。政治与大众传媒之间密切、复杂的关系使我们很难明确地区分政治话语与大众传媒话语之间的界限。Е. И. Шейгал 指出,任何与政治相关,或者作者是政治家,或者针对政治家的大众传媒形式都属于政治话语的范畴。她描绘出政治话语和新闻话语之间的相互关系,如图 2 – 1 所示(Шейгал,2004:25 – 26)。

"大众传媒使公民成为政治事件的见证者和观测者,但是对事件的解释经常比事件本身包含了更多的意义,在接收信息的同时,公民受到了这种'分析的压力'。在政治交际的语用结构中,大众传媒代表扮演着'中介人(медиатор)'的角色,即政治家和人民之间的中间人。我们认为,这种角色在一定程度上与'受话转播站'(адресат-рестраслятор)很相似,但不完全吻合。'受话转播站'的交际任务是接收信息并把信息转达给真正的受话人。我们认为'中介人'与'受话转播站'的区别表现在:第一,有时政治家并非打算通过'中介人'告知广大听(观)众某些信息,而是记者通过间接手段积极地猎取信息;第二,'中介人'的转播过程通常会附着个人的主观因素,'中介人'变成政治家的'共同创作者(соавтор)'。根据共同创造的程度,可划分出记者—中介人角色的以下功能变体：1）纯转播站（собственно ретранслятор）：直接转达政治家的话语；2）讲述者（рассказчик）：不直接转达政治家的话，而是转述；3）报幕员（конферансье）：介绍政治家和政治家准备演讲的题目；4）采访记者（интервьюер）：让政治家发言，控制交际进程，表达自己的观点；5）伪评论员（псевдокомментатор）：阿谀奉承的记者表面上以自己的名义评论，实际则是表达某一政治家的观点；6）评论员（комментатор）：更接近政治话语的独立代言人（самостоятельный агент）的角色，引用和转述政治家的话，以表达自己的观点为主。"（Шейгал，2004：58-59）

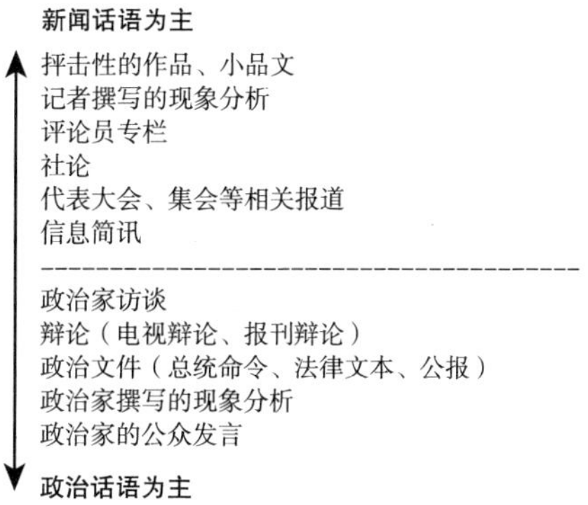

```
新闻话语为主
↑
抨击性的作品、小品文
记者撰写的现象分析
评论员专栏
社论
代表大会、集会等相关报道
信息简讯
------------------------------------
政治家访谈
辩论（电视辩论、报刊辩论）
政治文件（总统命令、法律文本、公报）
政治家撰写的现象分析
政治家的公众发言
↓
政治话语为主
```

图 2-1　政治话语和新闻话语之间的相互关系

一些学者关注到政治话语与大众传媒话语之间的交叉现象，提出了大众传媒政治话语（политический дискурс СМИ）（И. М. Кобозева，С. С. Резникова，К. В. Никитина，О. Ф. Автохутдинова，Ю. Ю. Черкасов）、政治传媒话语（политический медиа-дискурс）（А. А. Щипицына，С. В. Иванова）、政治新闻话语（политический журналистский дискурс）（О. В. Демидов）、新闻政治话语（массмедийный политический дискурс）（Л. А. Кудрявцева）等概念。О. Ф. Автохутдинова（2007）指出，大众传媒政治话语是竞选时期和非竞选时期对选民产生政治影响的主要"导体"。А. А. Щипицына（2007）认

为，大众传媒政治话语是有关政治的媒体语篇综合体。С. В. Иванова（2008）把政治新闻话语界定为政治倾向的新闻话语。Л. А. Кудрявцева 认为，新闻政治话语是一种特殊的话语类型，既不是大众传媒话语，也不是政治话语，而是两种话语的共生现象，是二者发展的合理结果，有机地融合了二者的主要特点，首先体现在不同体裁的大众传媒语篇和不同的政治叙事（политический нарратив）上。Е. А. Акинина 认为政治新闻话语的目的是争夺、实现和维护权力，其任务是影响社会观点的形成、达到目的和完成任务。政治交际和大众传媒在某些方面是相互交叉的，比如政治家的大会发言本身是政治交际，但一旦经电视转播就变成了大众传媒政治交际。

尽管学者们在概念和表述上存在差异，但是他们都把这种政治话语与大众传媒话语的交叉现象看作一种特殊的话语类型。我们把借助大众传媒形式的政治话语叫作大众传媒政治话语，它的政治性表现在交际参与者的政治角色及其交际目的，它的新闻性表现在大众传媒的交际形式。这是一种政治话语与大众传媒话语的结合体，是一种特殊的政治话语体裁。

二 政治访谈的概念

政治访谈是政治家通过回答记者问题的方式实现与民众交流的一种形式。政治家进行政治访谈的目的是宣传自己的政治思想和观点，塑造个人形象，赢取民众的支持。政治访谈是政治交际的一部分，因此政治家和记者之间的交流也成为政治话语的一部分。

关于政治访谈的概念，不同的学者根据各自的研究角度做出了不同的解释。Т. Ю. Мкртчян（2004）指出，对政治访谈有广义和狭义两种理解。广义理解认为只要在政治话题范围内，记者与任何一位受访者的谈话都属于政治访谈。狭义理解则把政治访谈限定为记者与政治家的谈话。Т. Ю. Мкртчян 采用了狭义理解。Н. И. Лавринова（2009）对政治访谈的理解更加狭窄，她从受访者的身份和访谈话题两个方面进行界定，认为政治访谈是记者与政治家进行的关于政治的谈话（разговор с политиком и о политике），是在政治话语机构体系内运作的一种特殊的语篇。А. В. Прожога（2002）指出政治访谈是一种对话语体裁，由独特的"提问—回答"组块构成，并由共同的意图统一起来的完整语篇。А. В. Прожога 的观点突出了政治访谈的对话结构特点，但没有对受访者和话题做出界定。

俄罗斯学者对政治访谈的理解大致可分为三种。第一种是记者与其感兴趣的人进行的有关政治问题的谈话（разговор о политике с любым интересным журналисту собеседником），第二种是记者与政治家的谈话（разговор журналиста с политиком），第三种是记者与政治家进行的关于政治问题的谈话（разговор с политиком и о политике）。

在汉语《辞海》和新闻学词典中，笔者没有找到"政治访谈"这一词条。笔者基本同意第三种观点，对政治访谈持狭义理解：政治访谈（политическое интервью）是借助大众传媒形式，记者与政治家进行的、话题涉及政治问题的谈话。对这一界定的补充说明是：1）仅话题涉及政治问题的访谈叫作政治话题访谈（интервью на политическую тему），例如记者就某一政治问题与评论家或政治学家的访谈，与其并列的访谈类型有经济话题访谈、体育话题访谈等；2）仅受访者为政治家的访谈叫作政治家访谈（интервью у политиков），与此并列的访谈类型有明星访谈等人物访谈类节目。政治话题访谈和政治家访谈都不是本书的研究对象（但都属于政治话语的范畴），本书所说的政治访谈是上述两种访谈的交叉部分（如图2-2所示），即话题为政治问题并且受访者为政治家的访谈。

政治家（Политик）这一概念在《Толковый словарь Ожегова》中定义为：Политический деятель, лицо, занимающееся вопросами политики; знаток политики。在《辞海》和《中国大百科辞典》中笔者没有找到

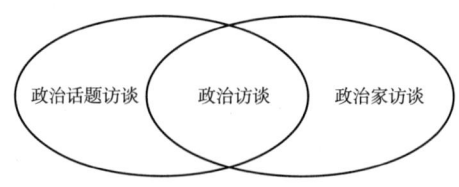

图 2-2 政治访谈的概念

这个词条。根据我国的社会政治现实,本书把政治家理解为政党和国家各级政府机构的代表。

三 政治访谈的类型特征

政治访谈属于哪种话语类型?М. В. Юрина(2006b)把政治访谈视为政治交际的一种类型,是一种特殊的政治信息场(информационное поле политики)。Н. И. Лавринова 指出,政治访谈的独特性体现在它是政治话语、新闻话语和对话语篇特点的结合体(Лавринова,2009:68 - 71)。А. К. Михальская 将政治访谈归为政治话语的范畴,认为该体裁具备以下特点:1) 一种规约性很强的言语体裁,按照一定的规范分配直接参与者的言语角色;2) 一场"对话决斗",记者有时提出尖锐的问题,而政治家则努力论证自身的"社会需求性";3) 公开性,政治访谈面向广大的听众或观众;4) 形式化,表现为政治访谈的双方须遵守一定的言语礼节(Михальская,2009:67 - 69)。

政治访谈是借助大众传媒交际形式进行的访谈类节目,因此它具有明显的大众传媒机构话语的特征。代树兰(2009)在《电视访谈话语研究》中把电视访谈话语特征总结为四点:预先设定性、主持人的控制与权力、大众传播性和互动话语性。政治访谈属于访谈话语的范畴,因此具有一般访谈话语的类型特征。

结合上述观点,笔者认为政治访谈受到以下大众传媒机构特点的制约。

第一,预先设定性。体现在事先设计的访谈话题、进程和目标,采访记者和受访政治家特定的话语角色,以及访谈特定的时间和空间。

第二,主持人的控制与权利。访谈过程中,采访记者提问与受访政治家回答的互动模式决定了双方不对等的话语权利。采访记者在整个节目中处于主导地位,控制着话语交际的全过程,包括话题选择、话轮分配等方面。

第三,大众传播性。政治访谈借助大众传播媒介,承载着传播政治信息、影响舆论、塑造政党和政府形象以及稳定政治局面等政治功能和社会功能,具有以人际交流为基础的大众传媒话语特征,受众广泛,影响力大。美国社会学家克拉珀对受传者的影响做了以下分类:一是使本来对某一问题没有看法或态度的人形成看法或态度;二是加强了已有的态度;三是削弱了已有的态度;四是使受传者改变观点,转向相反的立场;五是毫无影响(房光宇、翁翠苹,2011:37)。可以发现大众传媒在公共价值、意识形态、政府决策等方面已经渗入人们的日常生活。

第四,互动性。政治访谈不同于政治演讲,是由采访记者提问和政治家回答的互动方式构成的对话语。

第五,作为第三者的听(观)众。在访谈交际过程中存在着隐形的、潜在的交际参与者,即听(观)众。采访记者的交际目的是引导听(观)众关注某些问题,提出解决方法,传达政治组织或政治人物对该问题的看法,帮助政治家解决问题。受访政治家的交际目的是向大众宣传政治理念、立场,赢得选民支持。因此,广大的听(观)众是政治访谈交际真正的目标受众(如图2-3所示)。

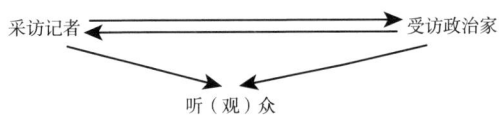

图2-3 政治访谈交际者的角色关系

第六，表演性。政治访谈的根本目的是面向听（观）众的传播，是一种第三者导向的谈话，即这种谈话存在一个不在场的潜在的"控制者"。在访谈的内容上，采访记者选择听（观）众可能感兴趣的话题，代听（观）众提问；在形式上，谈话具有固定的、程式化的特征。政治访谈试图在大众传媒语境下再现日常谈话，是模拟自然谈话所形成的非自然谈话形式。

受大众传媒机构语境特点的制约，政治访谈在以下方面呈现出与日常会话的区别性特征。

第一，交际目的：日常会话的交际目的是参与者之间相互交流信息；政治访谈中采访记者是以向受众提供政治信息、明确政治家立场为目的，而政治家的目的是传播政治信息，影响舆论，塑造个人、政党及政府形象等。

第二，参与者的话语角色：在日常会话中，说话者与听话者、提问者与回答者的角色可以随时互换；但是在大众传媒机构语境下，在政治访谈交际中形成了采访记者提问和受访政治家回答的话语互动模式，双方的角色相对固定。

第三，参与者的话语篇幅：在日常会话中，对说话双方的话语篇幅无严格限制；政治访谈中，采访记者和政治家的交际目的和独特的话语角色决定政治家的话语篇幅远远大于采访记者的话语篇幅。

第四，话题的随意性：日常会话的话题不受限制，可以随时转换；政治访谈中话题的选择、展开与转换都由采访记者控制。

第五，话轮转换：在日常会话中，说话人在转换关联位置可以选择下一个说话人或者可以选择继续说话；在政治访谈中，话轮转换由采访记者控制。

第六，时空受限性：日常会话的时间和地点都是灵活的；政治访谈一般都是在录音棚、演播室等特定的空间进行，而且一般在时间上受到严格的限制。

第七，表演性：日常会话是无表演性的自然谈话；政治访谈存在着潜在的第三方，是模拟自然谈话所形成的非自然谈话形式，具有表演性的特征。

上述观点详见表2-1。

表2-1 政治访谈与日常会话的差别

特征	日常会话	政治访谈
目的	参与者之间交流信息	采访记者的目的:为受众提供政治信息 政治家的目的:宣传政治思想等政治目的
参与者话语角色	可转换	固定
参与者话语篇幅	自由	政治家的话语篇幅大于采访记者的话语篇幅
话题随意性	有	无
话轮转换	自由	受采访记者控制
时空受限性	无	有
表演性	无	有

政治访谈不仅受到大众传媒机构语境的制约，还受到政治机构的制约。

第一，要遵守党的宣传纪律、组织纪律、保密纪律，不得有涉密内容，不得违反《中华人民共和国保守国家秘密法》及其他有关保密规定，维护党和政府形象的严肃性和权威性。内容是依照法定程序确定的在一定时限内只限一定范围的人员知悉的事项。正确处理好能说和不能说、多说和少说等方面的关系。

第二，要重视媒体工作。在2008年全国宣传思想工作会议上，时任中共中央总书记胡锦涛要求各级领导干部要充分认识新闻舆论的重要作用，善于通过新闻宣传推动实际工作，热情支持新闻媒体采访报道，正确对待舆论监督，提高同媒体打交道的能力。

第三，保证人民群众的知情权，做到政务资讯的公开透明。

第四，保证信息发布的可信度。

第五，维护其所代表的政党或政治机构的权利，做好正面宣传，塑造个人、政党或政治机构的政治形象。

受政治机构语境的影响，政治访谈在以下方面呈现出与一般访谈的区别性特征。

第一，对话结构方面：采访记者是访谈过程的领导者，控制着话轮分配和话题转化，而政治家不同于一般的受访者，他们积极主动地争夺话语权，这就决定了政治访谈对话的微观结构不同于一般访谈。

第二，话语的意向性：采访记者努力使受访政治家的话语被受众理解，政治家也希望他的观点和立场能最大程度地被公众接受，这种交际意图导致政治访谈具有不同于一般访谈的意向行为。

第三，交际目的：政治访谈的目的是讨论、澄清、宣传某一政策、思想、观点。受访政治家还具有塑造个人或个人所代表的机构的形象、赢得民众支持等目的。为实现上述交际目的，访谈双方的语用策略明显地区别于其他访谈节目。

第四，社会功能：政治访谈的最终目的是受访者促使社会公众在观念上与其达成共识以求发动社会公众。交际双方对这种社会功能的认识使政治访谈具有不同于一般访谈的语效。

综上所述，政治访谈既是政治的又是新闻的。它的政治性表现在政治访谈的参与者、交际目的和社会功能方面，它的新闻性表现在政治访谈的交际形式、时空定位方面。就话语的类型特征而言，政治访谈是政治话语和大众传媒话语的结合体——大众传媒政治话语。

第四节　小结

本章主要对政治语言学和语用学两门学科进行理论梳理，同时详细阐述本书的研究对象——政治访谈。

政治语言学作为一门新兴的独立学科由 А. П. Чудинов 于 2002 年在其专著《政治语言学》一书中提出，他对此做出了系统的学科论述。该学科的研究对象是政治交际，其研究目的是研究语言、思维、交际、政治活动主体、社会政治形势之间的各种相互关系，从而为制定政治活动的最佳策略战术创造条件。政治语言学最主要的研究原则是话语分析方法，包括批评话语分析和描写话语分析两种。虽然政治语言学作为一门独立的学科还未得到俄罗斯一些学者的认可，但是该学科的产生和发展源自社会发展和语言理论发展两方面的需求。因此，笔者认为政治语言学的出现只是迟早的事。

语用学自20世纪70年代创建以来，在四十多年的时间里发展十分迅速，无论是在研究的广度还是在研究的深度上，都取得了丰硕的成果。本书运用言语行为理论、会话含义理论、会话分析方法及俄罗斯的对话统一体理论研究政治访谈。政治访谈的语用研究是对语言之社会的、政治生活的视角研究，而俄汉语政治访谈的对比研究则反映出在不同民族文化语境下语言的使用特点。

在界定政治访谈这一特殊的政治话语体裁时，首先，本书分析了政治话语与大众传媒的相互关系，提出了"大众传媒政治话语"的概念，这是一种政治话语与大众传媒话语的结合体，是一种特殊的政治话语体裁；其次，本书区分了政治话题访谈和政治家访谈，明确了本书的研究对象，即话题为政治问题并且受访者为政治家的访谈；最后，本书指出政治访谈受到大众传媒机构和政治机构双重制约的特点。大众传媒机构的制约导致政治访谈与日常会话的多个区别性特征，而政治机构的制约使政治访谈出现了一些与一般访谈的区别性特征。

第三章
政治访谈的对话结构

近20年来，会话结构分析逐渐呈现从日常会话向机构话语扩展的趋势。每一种机构话语都具有其自身机构语境决定的会话结构特征，如法庭话语、课题教学话语、新闻话语等，越来越多的学者开始关注机构话语的对话结构研究。语用学研究会话结构的目的是通过探索自然会话的顺序结构揭示会话构成的规律，解释会话的连贯性。何兆熊在《新编语用学概要》一书中指出："对会话结构的研究可以从两个方面去着手。一是从整体上去看一个完整的会话过程是怎样构成的，即会话是怎样开始，怎样结束，其间又是怎样发展的，这是对会话整体结构的研究。二是研究会话的局部构成，一次会话活动是由参加者一次接一次的局部发言所构成的，一个参加者的发言和另一个参加者的发言之间有什么联系，如何构成连贯的话语，它们如何进行更迭，这是会话的局部结构研究所要解决的问题。"（何兆熊，2000：307~308）

政治访谈属于机构话语的范畴，是在大众传媒语境下发生的自然口语对话。在访谈交际过程中存在着隐形的、潜在的交际参与者，即听（观）众。他们是政治访谈交际真正的目标受众。受大众传媒机构的语境限制，采访记者是访谈过程中的"领导者"，这种权利的不平等在交际中表现为话语权利的差异，体现在采访记者提问、受访政治家回答的互动模式之中。

政治家一方面受到大众传媒机构的制约，另一方面他作为政党或机构的代表，还受到其所代表的政治机构的制约，所以政治家的话语具有受双重机构制约的特点。在政治访谈交际中，受双重机构规则制约的政治家和访谈中的"领导者"（记者）之间展开怎样的言语博弈？政治访谈的会话结构有何特点？笔者将从政治访谈的整体结构和局部结构两个角度进行分析。

第一节 政治访谈的整体结构

"任何一次完整的会话都由开端（opening）、本体（body）和结尾（closing）三个部分构成。比较起来，开端和结尾更能体现结构上的特点，本体则因各次会话的性质、内容的不同而具有不同的结构上的特点。"（何兆熊，2000：324）访谈作为一种完整的会话，尽管种类繁多，但 Е. И. Голанова（2000）认为，访谈在结构布局层面的特点十分稳定：开头（зачин）、主体部分（основная часть）和结尾（концовка）。这一观点得到了 Л. В. Ухова、М. В. Юрина、А. В. Шевчук 等学者的认同。

Е. В. Швец（2008）指出明星访谈不像其他访谈具有明确的布局结构，其结构成分通常是问题、回答、评价的不同组合，而且并不是所有的明星访谈都有结尾部分。例如下文记者（Ж.）对 Александр Домогаровый（А. Д.）和 Мария Александрова（М. А.）的访谈以 Мария Александрова 的回答结束。

Ж. — Возникают ли в вашем общении темы прошлой жизни? И вообще, важно ли вам, что было у каждого из вас до того, как начался ваш роман?

А. Д. —Возникают. Слишком уж много про меня говорили и судачили. Но в какой-то момент я перестал с этим бороться и спорить. Какой смысл? Марина сама разберется, что правда, что ложь, где белое, где черное.

М. А. — Иногда такие разговоры между нами действительно происходят. Но лишь тогда, когда прошлое мешает нам жить... Я понимаю, прошлое есть прошлое, из него ничего не выкинешь. Но главное не оно, а то, как человек живет в настоящем. А в настоящем важно быть уверенным в том, что дверь в прошлое уже закрыта («7 дней», № 29, 2005, 70 – 78).

И. В. Афанасьева（2010）分析了不同的大众传媒渠道对访谈结构的影响，如报纸访谈的开端部分更具有独白体的特征，而广播访谈和电视访谈的结构则更加灵活多变（более динамична），因为访谈记者在有意识地模拟日常会话。

荷兰学者Andreas H. Jucker以英国新闻访谈为研究对象，绘制了访谈的结构流程图，把访谈结构分为三部分：开始序列（the opening sequence）、主要序列（the main sequence）和结束序列（the final sequence）。开始序列首先根据说话人是播音员还是采访记者把访谈分为两类。第一类，当说话人是播音员时，通常播音员介绍访谈的主题、采访记者和受访者，之后以报道的形式提出第一个问题。第二类，当说话者是采访记者时，无论是现场访谈还是非现场访谈，采访记者一般不再自我介绍，而是直接介绍受访者和访谈的主题。现场访谈时，记者有时会问候受访者，受访者可选择是否回应问候，而在非现场访谈时，一般不会出现问候语，而是记者以报道的形式开始提问。主要序列由采访记者的提问和受访者的回答组成。采访记者的第一个问题一般都是已准备好的，之后的问题在某种程度上可看作对受访人的回答的反应，他可以选择转换新的话题、扩展话题或者重述上一个问题。结束序列比较模式化、比较固定，有时会称呼受访者并表示感谢（Andreas H. Jucker, 1986：45 – 54）。

A. B. Шевчук在分析英国和俄罗斯的电视访谈时发现，两者在对话

第三章 政治访谈的对话结构

结构上的差异体现在：1) 英国电视访谈在开端部分记者不进行自我介绍，不向观众问候；2) 英国电视访谈从开端到主体部分的过渡阶段缺少预示记者将提出第一个问题的语言信号，同时在话题转化时也不使用语言信号；3) 英国电视访谈结束部分也不如俄罗斯电视访谈复杂，没有节目即将结束的语言信号，不重复访谈节目的名称，没有与观众及受访者的告别语（Шевчук，2004：68－78）。

国内学者陈丽江在分析政府新闻发布会话语时指出，发布会的引言部分通常由：问候——宣告/介绍——邀请——宣告四个话步或者问候——（宣布）——宣告两个至三个话步构成。其中，问候和宣告为话语结构的必要成分，介绍和邀请是主持人和发言人不一致时的必要成分，宣布为可选成分。必要成分由发布会召开的目的和程序性特点所决定。而发布会的结束部分较简短，由宣告——感谢或者宣告——（问候）两个话步构成（问候为可选成分）（陈丽江，2007a：95~100）。

上述研究表明，不同的大众传媒渠道、不同的访谈类型以及不同的文化背景使访谈结构布局呈现不同的特点。笔者将分析俄汉语政治访谈在对话整体结构上的特点。

本书收集的政治访谈的语料和统计数据支持大部分研究访谈学者的结论：政治访谈的对话整体结构由开头（зачин）、主体部分（основная часть）和结尾（концовка）组成。某些部分，如陈述（экспозиция）[①]，其出现频率在政治访谈中仅占40%（Стрельникова，2005：84－85），不属于政治访谈的必有部分，本书不做分析。

政治访谈通常由采访记者宣布开始，由采访记者宣布结束，该特征充分地体现了记者在访谈中对话语的控制和权利。政治访谈的开头与结尾都会遵照一定的程序，这体现了该体裁在机构语境下形成的程序化和仪式化的特点。

---

① экспозиция 来自英语 exposition，有四个义项：(1) 阐述，说明，解说；(2) 展览会，博览会；(3) 说明文；(4) 呈示部（音乐术语）。此处取第一个义项。

一 政治访谈的开头

(一) 俄语政治访谈

通过对15篇俄语政治访谈的分析发现，俄语政治访谈的开端通常包括五个部分。

1. 时间和地点

在15篇俄语政治访谈中，有3篇是采访记者在开端宣布时间和地点的，有3篇是采访记者在开端宣布时间的。这种开端是广播媒体的特有程序，如例（1）中"俄罗斯首都12点16分"。

(1) *2006. 10. 16，Радио Маяк，программа «Панорама»*

Журналист：Людмила Маликова，*Гость*：Г. А. Зюганов

Маликова：12 часов 16 минут в российской столице.

2. 向听（观）众问候

在15篇俄语政治访谈中，有6篇是采访记者在开端问候听（观）众的。在访谈开端问候听（观）众体现政治访谈以第三方即听（观）众为真正的目标受众的话语特点。问候语一般简单明了，如例（2）。

(2) *2006. 10. 16，Радио Маяк，программа «Панорама»*

Журналист：Людмила Маликова，*Гость*：Г. А. Зюганов

Маликова：12 часов 16 минут в российской столице. Здравствуйте, у микрофона Людмила Маликова.

3. 介绍

主要包括对节目名称、记者姓名、参与访谈的嘉宾姓名、职务等信息的介绍。通常情况下，对嘉宾的介绍是必不可少的。有时记者会进行自我介绍，如在15篇俄语政治访谈中，有9篇是记者进行了自我介绍的。一般情况下，介绍部分十分简洁，如例（3）在访谈的开端简单介绍了节目名称（Программа «Позиция»）、受访者的姓名（Олег Митволь）及身份（политик, общественный деятель）。

（3）*2010. 11. 16，Русская служба новостей，программа «Позиция».*

Журналист：*Е. Родина，Гость*：*О. Митволь*

Родина：18 часов 3 минуты. Программа «Позиция». Я с удовольствием представляю нашего гостя. Политик, общественный деятель Олег Митволь.

个别节目根据自身的传统和特点，对受访政治家的生平进行较为详细的介绍，如 Радио Свобода 的《Лицом к лицу》栏目。

4. 记者和嘉宾相互问候。

如例（4）中 Е. Родина 和 О. Митволь 相互问候：

（4）*2010. 11. 16，Русская служба новостей，программа «Позиция».*

Журналист：*Е. Родина，Гость*：*О. Митволь*

Родина：18 часов 3 минуты. Программа «Позиция». Я с удовольствием представляю нашего гостя. Политик, общественный деятель Олег Митволь. <u>Олег Львович, здравствуйте.</u>

Митволь：<u>Добрый вечер.</u>

5. 引入访谈主体部分

例（5）中记者和政治家相互问候之后，记者直接引入访谈的主体："今天对所有人来说，头号话题是干旱问题，也包括您在内，但是我想从另一个话题开始……"

（5）*2010. 08. 18，Радио Говорит Москва.*

Журналист：*А. Дорохов Гость*：*Д. Зеленин*

Дорохов：Здравствуйте, друзья. У микрофона Алексей Дорохов, в гостях в радио Говорит Москва, губернатор Тверской области Дмитрий Зеленин. Дмитрий Вадимович, здравствуйте.

Зеленин：Здравствуйте.

Дорохов：<u>Сегодняшняя тема номер один у всех, и у вас в том числе, — засуха. Но я начну с другого.</u> Вы говорили с Путиным, встречались с Владимиром Владимировичем, с премьер-министром нашего Правительства...

个别访谈的开端十分简单，参与访谈的双方相互问候后直接进入访谈主体，如例（6）。

（6）*2010. 04. 05*，*Газета ru.*

Гость：А. Шохин

Журналист：Добрый день， ‖ Александр Николаевич.

А. Шохин： ‖ Добрый день!

Журналист：И сразу же первый вопрос，Власть время от времени собирает бизнес для того，чтобы «посоветоваться» с ним...

个别情况下，俄语政治访谈的开端可以非程式化，这往往与主持人的个性表达有关。非程序化表现为记者即兴插入上述五个内容以外的话语，并且该话语与即将讨论的话题无关。这种即兴插入话语使得访谈的开头部分变得复杂，有时持续时间较长，从而降低了政治访谈开端的仪式性。如例（7）中，采访记者和受访政治家相互问候之后，又讨论了准时和迟到的问题，直到1分17秒后才引入访谈主题（划线处）。

（7）*2010. 12. 23*，*Радио Маяк.*

Журналист：С. Минаев，И. Ружейников；Гость：В. Жириновский

Ружейников：Да，дорогие друзья. Вот такого гостя попробуйте без выпуски встретить.

Минаев：Меня Сергей Минаев. В студии «Маяка» и Владимир Жириновский. Добрый ‖ вечер，Владимир Вольфович.

Жириновский： ‖ Здравствуйте，Сергей Минаев.

Ружейников： ‖ Добрый вечер.

Минаев：Владимир Вольфович，вы всегда пунктуальны，за что? Вы знаете，Я много политиков вижу и в радиоэфире，и в телевизионных... Вы самый пунктуальный. Вы знаете об этом?

第三章 政治访谈的对话结构

Жириновский: Остальные — бездельники.

Минаев: Вы всегда приезжаете ‖ если мы приехали в 00, вы приезжаете в 40.

Жириновский: ‖ Я минут на 15 – 20 уже жду, ‖ поднимаюсь.

Минаев: ‖ Хорошие школы.

Жириновский: То есть, это вот нужно чувствовать, чувствовать. Это кровь служебная （——）... Ответственность не такая, дежурная. Давай. Что такое? Вот как-то, Это же даже неуважение к людям. Если бы запаздывал, вы волновались: приедет — не приедет.

Ружейников: Звонить ещё, конечно.

Жириновский: Да.

Ружейников: Но мы откроем секрет. Мы на самом деле не волновались. Мы знали, что раз вы сказали, ‖ вы будете. Это правда.

Жириновский: ‖ Я имею в виду других. Так же делается: а вдруг не приехали? ‖ Главное, начинают говорить: пробки!

Ружейников: ‖ Никакой гарантии, никакой гарантии.

****

Жириновский: А чего, мы не знаем сами, что пробки? Но ты выезжай так, чтобы все-таки не было этих пробок. ‖ Потому что мы все зависимы. Многие не учитывают зависимость.

Ружейников: Да, я плохо （——） останки ехал 3 часа, но пробки же, ‖ （——）

Минаев: ‖ Аудиомигалки нет?

Ружейников: Нет, до сих пор нет.

Жириновский: Да и без мигалки можно быстрее. Просто ты выйди вовремя. Чванства не должно быть. Чванство мешает. Все —

начальники.

Минаев: Правда. Владимир Вольфович, о чем мы сегодня хотим поговорить? Хотим обсудить, какие на ваш взгляд были, какие события в этом году вам запомнились? Что вообще произошло? Да, неделя до Нового года...

（二）汉语政治访谈

与俄语政治访谈的开头相比，汉语政治访谈开头的程序更为固定。主要由以下几部分组成。

1. 向听（观）众问候

15篇汉语政治访谈无一例外，都是以向听（观）众的问候开始，如"各位好""各位网友，大家好"等。这映射出汉语政治访谈的交际双方有较强的第三方参与意识。

2. 介绍

记者介绍媒体及栏目名称、自己的姓名，参与访谈嘉宾的姓名、职务等。在15篇汉语政治访谈中，仅有6篇访谈的记者进行了自我介绍。记者对受访政治家的介绍有直入式和引入式两种，如例（8）直接介绍受访者袁纯清，而例（9）通过对一些关于新疆的背景信息的介绍，引入访谈的嘉宾——新疆维吾尔自治区党委常委、自治区副主席库热西·买合苏提。

（8）主持人：各位好，欢迎关注央视国际特别推出的《高端访谈》栏目，今天来到我们《高端访谈》演播室的嘉宾是我国文化大省、西部大开发龙头省份陕西省省长袁纯清。(2008.03.06 CCTV)

（9）主持人：网友朋友，大家好！欢迎您收看新华访谈。大家知道，在2010年的5月17号到19号，中央召开了新疆工作座谈会，做出实现新疆跨越式发展和长治久安的战略决策，并且出台了《中共中央、国务院关于推进新疆跨越式发展和长治久安的意见》。那么现在呢，一年已经过去了，新疆这片美丽的西域沃土，都发生了哪些变化？

今天新华访谈也非常高兴地为大家邀请到新疆维吾尔自治区党委常委、自治区副主席库热西·买合苏提一起来谈一谈中央新疆工作座谈会这一年来新疆的发展变化。(2011.05.15 新华网)

3. 相互问候

与俄语政治访谈不同，在汉语政治访谈中，不仅采访记者和受访政治家相互问候，政治家还问候听（观）众，主要有两种形式。第一，"被请求问候"，即采访记者请求政治家问候听（观）众，如例（10）中主持人请求政治家问候观众（"您先跟我们的网友打声招呼"）。

（10）主持人：各位好，欢迎关注央视国际特别推出的《高端访谈》栏目，今天来到我们《高端访谈》演播室的嘉宾是我国文化大省、西部大开发龙头省份陕西省省长袁纯清。袁省长，您好！

袁纯清：您好！

主持人：欢迎您！您先跟我们的网友打声招呼。

袁纯清：好。各位网友大家好，非常高兴能够和大家见面。

主持人：嗯，好。(2008.03.06 CCTV)

第二，"自发问候"，即政治家自发问候听（观）众，如例（11）中受访者直接问候观众（"网友们大家好"）。

（11）主持人：各位网友大家好，这里是东方网嘉宾聊天室，我是主持人严丹。今天呢，很高兴为大家请到了上海市住房保障和房屋管理局局长刘海生，刘局长您好。

刘海生：网友们大家好，主持人好。(2010.01.18 东方网)

15篇汉语政治访谈中，11篇使用了"被请求问候"，其余4篇运用了"自发问候"。无论是"被请求问候"还是"自发问候"，都反映出在汉语政治访谈中，访谈双方有较强的第三方听（观）众潜在参与的意识。

4. 引入访谈主体部分

例（12）中在问候程序之后，主持人引入访谈主体（"周主席，咱们的话题先从民革开始"）。

（12）主持人：各位网友，强国论坛民主党派领导人系列访谈今天很荣幸邀请到了民革中央主席、全国人大常委会副委员长周铁农先生。周主席，您跟广大网友打个招呼吧。

周铁农：各位网友，下午好，很高兴能够通过人民网这样一个平台和各位网友交流。

主持人：周主席，咱们的话题先从民革开始。好多的网友对民革的历史、现状不是很了解，他们还有人问，跟历史上的国民党有什么样的关系，您能给大家解答一下吗？（2009.01.01 人民网）

（三）分析

俄汉两种语言政治访谈通常都由采访记者开始。记者是访谈开端阶段的主导者和控制者。两种语言政治访谈开头都具有以下特点。

第一，共同的组成部分：向听众问候、介绍被访者、引入访谈主体部分。说明这三个部分是政治访谈体裁的必有成分。而宣布时间、地点并非体裁的必有特征，它与媒体和节目的特点有关，如广播政治访谈一般以宣布时间、地点为开头。

第二，上述三个必有部分的顺序为向听众问候、介绍被访者、引入访谈主体部分。这三个必有部分及其顺序使政治访谈区别于某些访谈。例如，明星访谈不具有明确的布局结构，其结构成分通常是问题、回答、评价的不同组合（Швец 2008：14）。

第三，以相同的方式介绍被访者的政治身份。有时介绍伴有直接或间接的评价。评价均为积极评价，这体现在以下几个方面。（1）称呼：嘉宾，гость。（2）评价词语：我国文化大省、西部大开发龙头省份陕西省省长；У нас, наверное, типичный или не типичный губернатор, губернатор Иркутской области…。（3）意向行为：Я с удовольствием представляю…；很荣幸邀请到了……；很高兴为大家请到了……。（4）间接言语行为：Вы самый пунктуальный; Да, дорогие друзья.

Вот такого гостя попробуйте без выпуски встретить.

第四，节目主持人或记者都尽量淡化个人身份（以最简单的方式自我介绍），尽量凸显政治家的身份，尽量减少个性化表达。

以上分析了两种语言政治访谈的开头，开头所具有的共同组成部分和这些部分的顺序。分析表明，政治访谈的开头一般具有较高程度的程式化和正式性特点。

将两种语言的政治访谈进行比较可以看出，汉语的开头更加突出以下特点。(1) 程式化：开头部分的组成较俄语更为单一，顺序更为固定。(2) 节目主持人或记者对个人身份的淡化：自我介绍的频率较俄语更低。(3) 交际双方对第三者的参与意识较俄语更强：记者和受访政治家对听（观）众的问候频率达100%，某些情况下记者请求政治家问候听（观）众。

二 政治访谈的结尾

访谈持续时间一般是固定的、受限制的，采访记者负责在规定的时间内结束访谈。这一特征决定了政治访谈的结尾不同于日常会话，具有独特的会话结构。

Schegloff 和 Sacks 认为，会话的结尾包括三个基本的组成部分：结束系列（closing sequence）、前置结束系列（preclosing sequence）和话题界限系列（topic bounding sequence）（何兆熊，2000：326）。徐翁宇在分析《俄语口语·篇章》和《莫斯科人的言语》两个录音语料库的基础上提出，对话结束语通常由三部分组成：结束信号、临别语和告别语（徐翁宇，2008：49）。

（一）俄语政治访谈的结尾

俄语政治访谈的结尾分为三个步骤：结束信号、临别语和结束语。

1. 结束信号

日常会话中的结束信号可由打算结束会话的任何一方发出。在大众传媒机构语境的制约下，政治访谈的结束信号指访谈结束前记者向受访政治家发出的即将结束的暗示。我们这里考察的是言语方式的信号标记，非言语方式不在本书的研究范围之内。

根据结束信号与结尾的距离，我们把结束信号分为两类，即"远结束信号"和"近结束信号"。"远结束信号"，即较早的信号结束标记，常见的言语方式如下。

第一，采访记者在提问时使用"最后一个"等限定语。

1）Дмитрий, последний вопрос.

2）Понятно. Последний вопрос объединил два.

第二，谈论节目时间，指出所剩时间不多。

1）Наше время в эфире судорожно сокращается.

2）У нас нет очень много времени.

3）Наша программа подходит к концу.

4）У нас время закончилось.

5）Завершаем.

"近结束信号"指临近结束语的信号标记，通常与结束语构成一个话轮，使用再次介绍访谈嘉宾的形式，如例（13）中，记者面向听（观）众再次介绍访谈嘉宾（划线处），暗示访谈即将结束。

(13) *2010. 09. 27, Русская служба новостей, программа «Позиция».*

Журналист：М. Андреева　Гость：Л. Гозман

Андреева：Леонид Гозман был в эфире «Русской службы новостей». Леонид Яковлевич, спасибо. Время отвечено, программа «Позиция» подошла к концу. А благодарю вас и ждем вас.

Гозман：Спасибо.

在15篇俄语政治访谈中，8篇访谈中运用了"远结束信号"，4篇访谈中使用了"近结束信号"。受机构语境的制约，政治访谈应在规定的时间内结束，而预示话语的运用可以给对方一定的思想准备，避免了给人留下突兀和不连贯的结尾，从而达到"自然"结束的效果。

2. 临别语

第一，俄语政治访谈的临别语可以是致谢序列，如例（14）中记者和政治家互相表示感谢。

（14）*2010. 04. 05，Газеты Ru. Гость：А. Н. Шохин*

Журналист：Спасибо. Александр Николаевич, я от имени читателей «Газеты Ru» благодарю вас за интересную беседу, ‖ <u>спасибо вам большое.</u>

А. Н.：‖ <u>Спасибо вам, что пригласили.</u>

Журналист：Напомним на вопросы читателей «Газеты. Ru» отвечала глава РСПП Александр Шохин, спасибо.

第二，一些政治访谈的临别语体现为邀请序列，如例（15）除了致谢以外，记者还希望政治家能再来做客，政治家接受邀请（划线处）。

（15）*2010. 07. 04，Комсомольская правда*

Журналист：Андрей Баранов　Гость：Виталий Чуркин

Баранов：Спасибо большое за эфир. <u>Ждём вас снова в гость, приходите, всегда рад.</u>

Чуркин：<u>Спасибо, с удовольствием.</u>

Баранов：Но утренний эфир продолжается, впереди у нас новости, после чего поговорим о новостях Москвы, разумеется, мы обсудим различные темы, так что все самое интересное еще впереди.

第三，还有一些访谈的临别语包含祝福序列，分为采访记者对嘉宾的祝福和嘉宾对听（观）众的祝福两种，如例（16）中记者对 Б. Немцов 的祝福（祝您活着，而且健康），而例（17）则是 Жириновский 对听众的祝福。

（16）*2011. 01. 16，Радиостанция «Эхо Москвы».*

Журналист：Е. Альбац　Гость：Б. Немцов.

Альбац: Спасибо вам большое. К сожалению, мы должны завершать нашу передачу... Борис Ефимович, удачи вам, ‖ будьте живы и здоровы.

Немцов: ‖ Спасибо, да спасибо, всем за поддержку огромное спасибо.

Альбац: Всё. Спасибо, всего доброго. До свидания.

（17）*2010. 12. 23，Радио Маяка，Шоу «Танцы с волками»*

Журналист： *И. Ружейников，С. Минаев* Гость： *В. В. Жириновский*

Жириновский: Ну, я же с 1991 года критиковал его хуже всех. Рыжков, он меня критиковал. Все. А я его долбал ‖ до выборов президента. По-страшному.

Минаев: ‖ У нас время закончилось. У нас время закончилось.

Ружейников: К сожалению.

Жириновский: Ну, вот надо ‖ сделать...

Ружейников: ‖ 20 секунд поздравление с Новым годом ‖ всем в России.

Жириновский: ‖ Да. Тяжелый 2010 – й был, но все равно мы его прожили. И я хочу, чтобы в 2011 – м у нас было лучше настроение. Пожаров не будет, больше никого не арестуют, на Манеже все будет спокойно. И будут подвижки кадровые. Выборы будут в самом конце года. Поэтому с января до сентября, я думаю, у всех будет хорошее настроение, у нас новый мэр в Москве. Всем удовольствий, улыбки и с радостью встречаем Новый 2011 год – год Зайчика. Все должны быть ласковые, тихие и приятные.

3. 结束语

俄语政治访谈的结束语大致分为三种情况。第一，没有结束语，以致谢序列、祝福序列结束，如例（17）。第二，以再次介绍嘉宾及访谈节目为结束语，如例（14）。第三，以预告接下来的节目为结束语，如例（15）。

Clayman 和 Heritage 指出，新闻访谈不同于日常会话，在访谈结束时，采访者和被采访者相互不会说"再见"之类的话（Clayman, Heritage, 2004: 74）。

(18) *2010. 11. 16，Русская служба новостей, программа «Позиция».*

Журналист: Е. Родина　Гость: О. Митволь

Родина: Да, конечно. ** И смотрите, 97 процентов наших слушателей вас поддерживают. 3 процента с вами не согласны. Время программы истекло. Спасибо большое. ‖ Я вас благодарю, Олег Львович.

Митволь: ‖ Спасибо вам.

Родина: Олег Митволь, политик, общественный деятель был в студии ‖ «Русской службы новостей». <u>До свидания!</u>

Митволь: ‖ Спасибо. <u>До свидания!</u>

例（18）中，Е. Родина 和 О. Митволь 相互表示感谢后，都出现了 До свидания。但是应注意该词出现的位置，Олег Митволь, политик, общественный деятель был в студии ‖ Русской службы новостей 这句话是面向听众的，所以 До свидания 也是面向听众的，而 О. Митволь 认识到 Е. Родина 话语中的听众意识，所以他的致谢和告别也是面向听众的。由此可看出，该例与 Clayman 和 Heritage 的观点并不矛盾。

（二）汉语政治访谈的结尾

汉语政治访谈的结尾分为结束信号、临别语和结束语三个步骤。

1. 结束信号

在 15 篇汉语政治访谈中，仅有 5 篇中出现了"远结束信号"，其语言方式有以下几种。

第一，采访记者使用"最后"，暗示访谈即将结束。

（19）主持人：最后再来看几个网友的问题啊，119号网友他说……（2010.01.18 东方网）

（20）主持人：……我想在不断地发展的过程当中，可能天门人会越来越有一种感觉，就是做一个天门人很幸福，在最后能不能请您用三个关键词来形容一下您心目中的天门。（2011.03.09 CCTV）

（21）小婧：嗯，好，因为我们访谈时间原因，我们给最后一位网友提问的机会，大家赶紧抓紧时间提问了。而且因为我们的，反正时间的原因，还有很多网友的问题没有来得及提交的话，可以登录我们的红网论坛来发帖，我们杨局长有空的时候可以上去看看，有时间的话来回复一下好吗？好，我们来看一下最后一位网友的问题，这里是2043的这位网友他说……（2011.04.11 红网）

第二，记者请受访政治家对所提出的问题进行评论。

（22）主持人：您来强国论坛回答了这么多问题，您觉得网友的问题尖锐吗？（2009.03.09 人民网）

第三，记者指出由于时间限制。

（23）主持人：那由于时间的关系，我们今天网友还有很多的留言和提问，我们就不能一一地来请您作答了哈。听说，听说袁省长您还有送给央视国际和网友的礼物是吗？（2008.03.06 CCTV）

汉语政治访谈"近结束信号"主要通过采访记者对访谈的总结和评价来实现，在例（24）中共出现三次。

（24）主持人：好的，那么尽管四川交通方面的工作呢还任重而道远，抢险保通的工作仍然十分地艰险和困难，但是我们相信有交通系统这么一支不怕吃苦、不怕流汗，能奉献、能打硬仗的队伍，一定能够不负人民的重托，在省委、省政府的高度的赞扬下，坚强的领导下，一定能够打赢这场抢险保通的攻坚战。那么今天的访谈由于时间的关系呢我们就到此结束了，感谢鲜厅长您对我们网友的耐心解答，也感谢各位网友的积极参与，我们下次节目，再见！（2008.06.29 四川省人民政府网）

2. 临别语

临别语包括致谢序列、祝福序列和邀请序列。

（25）主持人：嗯，好，<u>谢谢刘局</u>。今天我整个节目都非常开心，因为我们又把刘局请到聊天室里边来做客了，也是非常高兴，<u>也是希望刘局今后能够经常来，再忙也来好吗？</u>

刘海生：好，非常感谢各位网友对我们的工作的支持，也欢迎大家经常给我们提一些好的意见。我们这个部门实际上就是听大家的意见，给政府提一些好的想法。谢谢！

主持人：那行，我们今天的节目就到这里，谢谢网友们的关注和参与，下次再见！（2010.01.18 东方网）

例（25）中包含了致谢序列和邀请序列。需要指出的是，汉语政治访谈中的致谢对象不仅仅是参与访谈的记者和政治家，还包括潜在的听（观）众。

（26）主持人：<u>那今天也是谢谢赵委员做客我们的直播间</u>，跟我们的网友说一些祝福的话吧。

赵韩：祝这个广大的网友啊，在新的一年，在"十二五"能够挣更多的钱，能够幸福指数更加高。谢谢大家。#

主持人：比较实际哈，那也再次感谢赵委员。那各位网友，今天的节目就到此结束了，我们下期节目再见。（2011.03.03 新安晚报全媒体北京直播室）

例（26）中包含了记者对政治家的致谢序列和请求祝福序列，以及政治家对听（观）众的祝福序列及致谢序列。

3. 结束语

如例（25）、例（26），汉语政治访谈通常都以采访记者向听（观）众的告别语结束，占比高达80%，体现了政治访谈以听（观）众为取向的特点。

（三）分析

Schegloff 和 Sacks 基于对日常会话的分析认为，会话的结尾比较模糊、难于确定界限，即难于确定什么时候使用结束语或结束序列（刘运同，2007：72）。与此相比，政治访谈的结尾相对清晰。媒体（电视、广播、网络）的机构规则决定，政治访谈的结束由记者决定。相关语料显示，俄语政治访谈和汉语政治访谈的结束都由采访记者完成，二者在程序上大致相同，具有以下共同点。

第一，都有结束信号、临别语和结束语三部分。

第二，受机构语境的制约，政治访谈应在规定的时间内结束。结束信号因此都具有两方面的功能：（1）为结束节目做准备，（2）避免突兀、不连贯，以便达到模仿自然谈话的效果。

第三，临别语和结束语的功能都是言语礼节。

交际者结束会话在很大程度上就是结束话题，双方通过一定的方式表明本次会话想要说的话题内容都已经说完，没有新的话题提出。在自然会话中，"交际者同时达到一个位置，一个交际者完成他的话轮之后并不需要另一个发话人说话，他的沉默并不被听作是这一发话人的沉默"（刘运同，2007：72），如果这就意味着会话结束，那么政治访谈不会以这种方式结束。记者发出结束信号，用词语、语法、言语行为等标记语告知话题的结束 [**последний вопрос，был в эфире，время программы истекло**；最后一位网友的问题；您今天回答了这么多问题（试比较：您今天要回答的问题很多）]。如果说自然会话的结束通常要靠交际双方明言或暗示协商决定，则政治访谈的结束带有机构规则的强制性。但由于政治访谈又要最大限度地模仿自然会话，要以一般的会话原则（合作原则、礼貌原则）为前提，结束程序通常分三步走：结束信号、临别语和结束语。与其他访谈相比，政治访谈结束的特点在于其特有的话语标记和礼貌标记，试比较中央电视台的新闻访谈《新闻1+

1》，节目多半没有结束信号，由于时间关系，常常谈话还在继续，电视屏幕上就出现了本期节目制作人员的名单。

相比之下，汉语政治访谈的结束信号更加注重与第三方听众的互动（最后再来看几个网友的问题啊；感谢鲜厅长您对我们网友的耐心解答，也感谢各位网友的积极参与），汉语访谈的结束多为采访记者向听（观）众告别，这反映了在汉语政治访谈中以第三方即听（观）众为主的交际原则。此外，在笔者收集的语料中，汉语政治访谈"近结束信号"使用次数是三次，"远结束信号"使用次数是五次。这说明，结束信号的人际功能与按时结束节目的机构规则相比，后者在汉语政治访谈中比在比俄语政治访谈中更有约束力。

三 政治访谈的主体

政治访谈的主体指位于访谈开始与结束之间的采访记者与政治家的互动交流部分，它是访谈过程中所占篇幅最大的一部分。大众传媒下的机构语境形成了以采访记者提问、政治家回答的互动性话语结构。一个一个的问答类对话统一体构成了政治访谈的主体部分。

"对话统一体"这一概念最早由 Н. Ю. Шведова（1956）提出。她认为，两个按照一定的语法规则组合在一起的话语叫作话轮，第二个话轮在结构上受到第一个话轮的制约，话轮组成的复合结构是对话的交际单位，这个复合结构叫作对话统一体（Шведова，1956：68-69）。这种观点局限于结构—语法视角。但是自 Н. Ю. Шведова 把对话统一体作为对话的单位引入对话理论以来，俄罗斯语言学界对该问题的研究逐渐从句法结构的角度转移到功能角度，"话题"这一要素在对话统一体中的重要性越来越受到重视。在 Л. А. Брусенская 等（2005）主编的《语言学术语词典》中，对话统一体被定义为"围绕一个话题的语义和语法的统一体"。笔者比较赞同这种观点，认为对话统一体是两个或多个交际参与者围绕一个话题的结构语义统一体。

政治访谈中，记者提问、政治家回答的言语互动实际上就是一个个的问答类对话统一体（简称问答对）。我们把政治访谈中的问答对定义为"围绕一个话题、记者提问、政治家回答的结构语义统一体"。记者的提问是对话统一体中的刺激话轮，而后一句反应话轮则是政治家对提问的肯定或否定的回答、发表意见、提出疑问等。根据问答对的话轮数量和组织形式，我们把政治访谈中的问答对分为两类，即由两个话轮围绕一个话题构成的简单型问答对和由多个话轮围绕一个话题构成的复杂型问答对。

（一）简单型问答对

简单型问答对是政治访谈中较普遍的形式。记者的提问话轮是刺激话轮，并要求做出回应，政治家的反应话轮做出肯定或否定的回答，或发表意见等。多数情况下，在篇幅比例上政治家的回答话轮比记者的提问话轮长。这一问答对完结的标志是记者的下一个提问话轮开始另一个新的话题。例如：

(27) *1993. 08. 28，Радио Свобода，«Лицом к лицу»*

Журналист：М. Дейч，Д. Мажелова，Л. Колодный　*Гость*：Ю. Лужков

① Мажелова： У вас, как мэра Москвы, слишком много проблем, да еще работать в таких обстоятельствах, где неразбериха во всех трех ветвях власти. Но все-таки за то время, когда являетесь мэром Москвы, что воспринимаете как самое большое достижение и самый большой проигрыш?

② Лужков： *** Вы знаете, достижений мало, а проигрышей много. И это не рисовка, и даже не так сказать, медицинского плана моральное самобичевание, а это ощущение нормального, здорового организма, который хочет сделать больше, но у него не очень всегда получается. Так вот все-таки мы удержали город в сложнейших

第三章 政治访谈的对话结构

условиях. Мы удержали город. Депутат Верховного Совета (я не буду говорить, кто это был, это, в общем, достойный человек сам по себе), на Верховном Совете когда собралась целая группа комиссий заслушать мой доклад о положении в Москве... Я сделал полуторачасовой доклад. И один депутат, выступая, сказал: «Мы ожидали, что в Москве будет голод. Мы ожидали, что в Москве зимой не будет тепла. Мы ожидали, что в Москве провалится строительный комплекс и люди не будут обеспечиваться жильем. Мы ожидали, что в Москве перестанет работать транспорт. Но, к сожалению, ничего этого не случилось». Вот такой каламбур. Причем у него это вырвалось. Так вот, все-таки, то есть все, кто ожидал, что город развалится, экономика и хозяйство его развалится, не получили долгожданных результатов. Я считаю полезным то, что мы не уменьшили объемы строительства жилья, мы увеличили объемы ремонта дорог, ввода теплоэнергетических и так далее, то есть систем городского хозяйства. Я считаю, что мы хорошо работаем с культурой, помогли ей. Но что, я думаю, мы отработали плохо. Плохо решаем проблемы приватизации. Здесь и масштабы приватизации, и то, что мы имеем вместо настоящих собственников колхозы в городе, колхозы собственников, и то, что приватизация идет, продавая за бесценок ту собственность, которая накоплена всем городом, через усилия населения... А ведь в прошлые годы любой магазин, который создавался в городе, — это результат подоходных налогов, сборов и так далее, обнищания или удержания соответствующих средств со всего населения московского. А сейчас продается по всем этим формулам Чубайса, продается за бесценок. Я считаю, что это плохо.

③ Дейч: Юрий Михайлович, я коренной москвич, и у меня такое впечатление, что за последние годы（может быть, это ложное впечатление）совершенно прекращено жилищное строительство—главная, насущная проблема для многомиллионного города, тем более такого, как Москва. Всегда в Москве не хватало жилой площади, всегда были многотысячные очереди первоочередников, скажем так, и не только первоочередников жилья. У меня такое впечатление, что жилищное строительство практически законсервировано. Это, может быть, не так?

例（27）中，记者 Д. Мажелова 的提问话轮的话题是 Ю. Лужков 作为莫斯科市市长期间有哪些成绩与不足，Ю. Лужков 在回答话轮中详细阐述了自己的态度，话轮①和②构成了一个完整的简单型问答对。之后，在话轮③中，М. Дейч 通过提问开始了一个新话题——莫斯科住房建设的问题。再看一例汉语政治访谈。

(28) ①主持人：周主席啊，我本人也是农村出生，然后现在几乎每一年我过年回家，我的那些就是小时候的那些伙伴，现在都面临一个困惑，好像除了进城打工没有别的出路，到现在为止他们还是有这种想法。就是说看不到这种致富的希望。然后您觉得这种新一轮改革会给他们带来一些希望吗？

②周铁农：我觉得希望是会有的。但是这个过程应该说还是比较漫长的，不是短期内就能够解决得了的。中国的农业呢，有一个很大的特点，就是耕地面积比较少，但是农业人口比较多。这个农业人口多的原因就是因为中国的城市化进程比较缓慢，工业化的进程比较缓慢，不能把更多的农业劳动力吸收到城市来，吸收到工业或者其他服务领域里面来。所以解决农村问题，单靠农村不行是吧。要靠其他产业的发展，要靠第二产业、第三产业的发展。这样可以使大量的农村劳动力啊，剩余劳动力转移到其他别的产业里面去。

那么在这个问题解决的同时,农村的自身发展也会这个不断地加强。因此呢,我觉得中国农民的希望,一个是要在于整体经济的不断发展,包括二产业和三产业。那么第二是解决农村自身的这个变化。而十七届三中全会我觉得恰恰就是在为这个,为这种变化,为农村进一步这个生产力的发展是吧、这个生活水平提升、农村面貌的变化这个描绘了一个非常好的蓝图,提供了政治制度和政策上的这样一些保证。所以应该说,随着十七届三中全会文件精神的落实,那么农村的面貌会加快这个变化的脚步。

但是呢,要想在几年之内是吧,就改变现在农村的面貌,完全和城市一样,恐怕也做不到,是吧,也做不到。因此,我想作为农村的一些青年人来说呢,我觉得外出打工也好,或者提升自己的就业能力到其他别的产业就业也好,离开农村,这个我们觉得都不应该指责。因为农村本身劳动力就比较多,要把一部分人啊转移到城市去。另外呢,也希望这个留在农村的人要致力于农村的这个发展和建设,把自己的家乡能够建设得更好。这样我们自己的生活状况就会发生大的改变。

③主持人:那个还有一个问题可能是您绕不过去的,就是两岸关系。最近接连发生的一些事情都让我们感到很温暖,就是有的媒体评价,就说春天的脚步近了。就包括"三通",包括团团、圆圆赴台,您怎么评价现在这种两岸关系的这种发展的阶段?(2009.01.01 人民网)

话轮①和②为一个简单型问答对,话轮③开始一个新话题(关于两岸关系)。

(二)复杂型问答对

复杂型问答对指形式上由两个以上的话轮围绕一个话题构成的问答对。

1. 汉语政治访谈中复杂型问答对主要包括以下类型

第一,通过前置序列构成。

如例(29)在记者正式提问之前,有一个预备前置序列。

(29) 主持人：这有一个网友，他这个问题您听了不要不高兴啊。

万钢：嗯，好。

主持人：他说为何我们的科技总是靠进口，品牌总是靠山寨，假货总是靠曝光，毒食品总是靠身体来发现？*** 实际上他是想问科技工作如何在这个保障和提高产品质量方面发挥一些作用。

万钢：对。科技必须在保障产品质量上面要发挥作用。（省略）（2009.03.09 人民网）

第二，通过记者的追问话语构成。

如例（30）主持人的问话由两个问题组成（①和②），而受访政治家只回答一个问题①，记者重述问题②再次提问。

(30) 主持人：①您跟大家聊一聊，您最深的感触是什么？②而且在这么长的时间当中，我们代表委员关注的热点话题都发生了哪些变化？

辜胜阻：我是八届、九届、十届的政协委员和常委，第十一届我是人大代表，那么，19年的两会经历使我感到今年的两会和以往的两会有很大的不一样。如果说往年的两会一般是两年，总结过去一年、谋划未来一年的发展蓝图，那么今年的两会却是要谋划，却是要涉及十年的问题，要总结过去五年"十一五"的发展的经验乃至教训，另外一方面要谋划"十二五"也就是未来五年的发展蓝图，所以今年两会一个很重要的使命，是要审议通过国家的"十二五"规划。我们知道去年的中共中央的五中全会已经通过了关于"十二五"规划的建议。"十二五"规划的建议是中国共产党的主张，怎么样把党的主张上升为国家意志就要靠这次两会最后通过"十二五"规划的纲要的稿件⊥纲要的稿。所以这个今年的两会有一个很重要的任务，就是要把党的主张上升为国家意志。所以这个是一件很重要的事情，这也是今年两会和以往两会最大的不一样。

主持人：那么这19年当中，您的体会啊，就是代表委员关注的这个热点话题都发生了哪些变化呢？您跟大家讲一讲这个‖变化。

辜胜阻：‖应该讲从大的方面来讲，每年的两会都是民生问题摆在首位的，是最重要的热点。但是今年的民生问题可能和以往的民生问题是很不一样的。我觉得今年两会的民生问题关键是跟老百姓的生活、消费密切相关的，像分配制度的改革，像政府在医疗、教育、社保等公共服务和公共产品的供给，还有就是说跟民生相关的老百姓的收入问题……（2010.03.04 新华网）

第三，通过记者的评价、总结性话语构成。

如例（31）由主持人的评价话语和受访者的应对话语组成的复杂型问答对。

（31）主持人：那也有人从专业的角度上来说，这次绿化大会战感觉上时间还是比较紧的，就是步伐比较快，那会不会这个后期的养护跟不上这个栽树的这个频率呢？

吴存荣：因为栽树啊#它不是什么高技术的东西，#养护也不是什么高技术的东西。#就相对来讲，我们国家在城市园林绿化技术上来讲是完全成熟的，那么只要我们的体制机制正确了，这些问题都能迎刃而解。那么我们也总结了其他城市绿化过程建设当中，包括我们过去自身发展的工作上一些经验和教训，#那么这一次绿化的话，那是谁栽，谁栽的树谁负责养护，#谁保护到底，是这么一个体制，#实际上，把栽和管养完全结合起来，#一体化责任制到底。所以这个问题呢也可以请大家放心。#

主持人：所以说不是一个虎头蛇尾‖的事情。

吴存荣：‖对对，不是有人栽没人管的一个局面。（2011.03.04 新安晚报全媒体北京直播室）

第四，通过记者的解释性话语构成。

如例（32）①是记者对上一轮话语的解释。

（32）主持人：因为如果要是提高劳动者报酬必然会增加企业的这

个用工成本。那么这时候我们的企业，尤其是一些中小企业就会遇到一些困难。那您认为企业应该如何去应对呢？

辜胜阻：企业就是说，你在这种高成本的状况下面，企业，就会有相当一部分企业放弃、不做了，就退出了，这就会形成产业的空心化，就是我刚才讲的。那么还有一部分企业必须转型升级，就是在过去三四年靠廉价劳动力能会获得很好的利润，大家就不会去创新，就不会去推进技术的进步。那么现在因为这样一种高成本的时代，那你在这样的状况下，你必须靠提高劳动生产率，靠创新，靠技术进步然后来提升产品的附加值。你只有提升产品的附加值，使我们的产业由低端走向中端，走向高端，提升产品的附加值，那你才能有更多的利润。所以现在有些老板讲，我五个人的事情我现在请三个人干给四个人的工资，还有五个人的事情我请一个人干，我买一台机器，这就是资本有机构成的变化，意味着技术的进步。然后还有的老板说那我现在要通过管理的创新来降低企业的成本，来应对人力成本的上升。

主持人：①<u>也就是说在这种背景下我们应该⊥企业应该积极地去想办法而不是应该去退缩</u>。

辜胜阻：对。在这个问题上政府和企业一定要联手来做这件事情。

主持人：②<u>确实是</u>。

辜胜阻：作为企业自身来讲，你要通过转型升级提高产品的附加值，作为政府来讲，你应该帮助企业减轻负担，让它们轻装上阵，让它们有一定的财力来解决收入分配制度中间存在的问题。（2011.03.04 新华网）

第五，由记者对政治家的补充话轮构成。

（33）鲜雄：第二个困难呢，就是已经抢通的公路保通极其困难。这个因为这次地震强度很大，烈度很高，整个次生的地质灾害源源不断，▲

主持人：▼<u>而且有余震</u>，

鲜雄：余震也不断，这个所以呢，我们的基础的设施从路基、路面、桥涵到排水系统都全面受到严重的损毁。已经抢通的路段里边还有一些只能够单向地通行，这个只有单车道，抢不出来这个双车道，因为这个边坡太陡，这个这个崩塌体这个方量太大。▲

主持人：▼特别由于现在又进入到汛期，

鲜雄：对对对。（2008.06.29 四川省人民政府网）

第六，由一方的支持、赞同话语构成。

如例（32）②处。

2. 俄语政治访谈中复杂型问答对主要包括以下类型

第一，通过记者的追问话语构成。

记者在访谈过程中经常会对有疑问的信息或对政治家闪避的信息进行追问。如例（34）②处，记者打断 Зеленин 的话，针对其的肯定回答进行了质疑性提问。

（34）*2010.08.18，Радио Говорит Москва.*

Журналист：А. Дорохов　Гость：Д. Зеленин

Дорохов：Дмитрий Вадимович, но если хотя бы чуть-чуть приоткрыть завесу над этим вежливым и очень уклончивым выражением «социально-экономическая ситуация в регионе». Все-таки, может быть, какие-то подробности? О чем вы говорили с Владимиром Владимировичем?

Зеленин：На самом деле сейчас мы наблюдаем рост.

①Дорохов：У себя в Тверской области?

Зеленин：Да. ▲

②Дорохов：▼Несмотря ни на что?

Зеленин：Несмотря ни на что. Общее количество вакансий уже в 2 раза превышает количество безработных...

第二，通过记者的解释性话语构成。

如例（34）①处，记者针对前一话轮中 Зеленин 使用的 мы（我们）的具体所指进行提问。

第三，由记者对政治家的补充话轮构成。

如例（35）划线处即为记者对政治家的补充话轮。

(35) *2010. 09. 19, Радио Свобода, программа «Лицом к лицу»*

Журналисты: Д. Гальперович, Р. Маньюэко, П. Орехин

Гость: В. Новиков

Гальперович: Скажите, пожалуйста, Я хочу вернуться к одному из ваших предыдущих ответов. Из чего вы исходите, когда думаете, что 75 за баррель, я имею в виду цены нефти – это много?

Новиков: Я исхожу из той ситуации, которая——но грубо говоря, сейчас складывается там и в Соединенных Штатах, и в Европейском союзе, и в Китае – это же три ключевых для нас экономики. Дело в том, что те прогнозы, которые делались, так сказать по выходу из кризиса и в Соединенных Штатах, и в Европейском союзе... Но в Китае ситуация на самом деле муторная в том плане, что те данные статистические, которые есть они с моей точки зрения...

Гальперович: <u>Мы никогда не знаем, правдивы ли они.</u>

Новиков: Разумеется. Потому что, с моей точки зрения, они немножко не соответствуют, скажем так, общему положению, которое есть...

第四，通过记者的评价、总结性话语构成。

虽然访谈交际过程中，受大众传媒语境的限制，记者应保持中立的立场，但是偶尔也会出现记者的个人评价，如例（36）是由记者的评价及政治家的后续回答构成的复杂型问答对。

(36) *2010. 08. 18, Радио говорит Москва.*

Журналист: А. Дорохов *Гость*: Д. Зеленин

Дорохов: С жильем у вас как? Вы как-то в числе тех социальных приоритетов, которые здесь последовали, не назвали. Строитесь?

Зеленин: Строимся, и рост в 2009 году – 30 процентов по сравнению с 2008 годом.

Дорохов: Ого! Вот это скачок.

Зеленин: Это, в том числе федеральная программа по переселению из аварийного жилья...

第五，由政治家的问话构成。

受大众传媒语境的限制，在访谈交际中政治家应该回答问题，然而我们却发现了一些政治家"以问答问"，如例（37），但是多数情况下，这种"以问答问"的用法起到询问的作用，即对记者问题中不确定的成分进行询问。

（37）2009.12.24，НТВ，Первое，«Россия»

Журналисты: К. Эрнст, О. Добродеев, В. Кулистиков Гость: Д. Медведев

Кулистиков: Да. В рамках, в рамках той программы, которую Вы намечаете по реформированию МВД, будет ли уделено должное внимание финансированию этой службы? Потому что, конечно, не секрет, что зарплаты людей, которые ради нас ежедневно рискуют жизнью, порой унизительно малы.

Медведев: Вы имеете в виду сотрудников МВД?

Кулистиков: Да.

Медведев: Конечно, нужно менять эту систему. Даже вопросов нет...

第六，由政治家的反对话轮构成。

有时政治家对记者的问题有异议，如例（38）即由政治家的反对话轮、记者的解释话轮及政治家的解释话轮构成的复杂型问答对。

(38) *2011. 09. 01, Российский информационный канал «Россия 24»*

Журналист: Д. Щугорев   *Гость*: С. С. Собянин

Щугорев: Еще очень важный вопрос (и мы уже частично его затронул) - это развитие транспортной инфраструктуры в городе. Вообще, естественно, большинство москвичей ездит на личном транспорте. Все-таки вот как бы наверное, сказали, мэры многих европейских городов (они бы сейчас поморщились и сказали), что есть же транспорт, есть же городской транспорт, который должен вас возить на работу, с работы, необязательно же пользоваться, пользоваться машинами. Это является ли это, как раз развитие городского транспорта, ключом к победе над московскими пробками?

С. Собянин: <u>Дима, вы ошибаетесь, когда говорите, что большинство москвичей передвигается на личных автомобилях.</u> ▲

Д. Щугорев: ▼ Судя по тому движению, которое мы видим каждое утро и каждый вечер… ▲

С. Собянин: ▼ Суди да, но посмотрите, какой объем пассажиров передвигается в подземке, пригородных электричках, во автобусах!…

第七，通过前置序列构成。

例（39）划线处是记者的确认性提问和政治家的肯定回答构成的前置序列，第三个话轮才是记者真正提出的问题。

(39) *2011. 01. 16, радиостанция «Эхо Москвы»*

Журналист: Е. Альбац   *Гость*: Б. Немцов.

Альбац: <u>Борис Ефимович. Вопрос теперь еще один, который я хотела бы сразу задать - это в том, что касается суда, который проводил над вами судья Боровкова, да?</u>

Немцов: <u>Да, Боровкова, Ольга ее зовут.</u>

Альбац: Ольга Боровкова, которая заставила вас стоять.

第三章 政治访谈的对话结构

Говорят, что кто-то вам предложил стул, а вы отказались. Объясните, как получилось так, что вас заставили около 4 или ‖ 5 часов стоять?

Немцов: ‖ Я поясню. Дело в том, что перед тем, как состоялся этот суд, а состоялся он 2 января, я 40 часов провел в этой самой одиночной бетонной клетке полтора на три метра, и честно говоря, спать в таких условиях я не привык...

第八，由插入序列构成。

例（40）中 Жириновский 在谈论对鞑靼斯坦问题的看法时插入了一个有关德国和民族社会主义工人党问题的插入序列（见长横线标记处），从划线处重新回到 Жириновский 对鞑靼斯坦问题的看法这一话题。

（40）*2010.12.23，Радио Маяк*

Журналисты: С. Минаев, И. Ружейников   Гость: В. Жириновский

Ружейников: Владимир Вольфович, много лет назад, я уже забыл сколько. Вы—— говорили, может быть, в запале, может быть—это была домашняя заготовка — это шла вторая чеченская, что вообще Чечню отделить. Вот. Вы сказали: ров, колючую проволоку и никого не пускать. Потом, разумеется, когда——вообще угроза сепаратизма в России продолжала возрастать, сложные были отношения с Татарстаном, никто из политиков не говорил об отделении любой северокавказской территории. А сегодня что вы скажите?

Жириновский: Сегодня не я. Сегодня, если поставить на референдум, 80% граждан России говорят: лучше давайте отделиться.

Ружейников: Это правда.

Жириновский: Не хотят жить совместно. И это не потому что какое-то отношение вот именно к конкретной национальности. Это вот к образу жизни. Ну, вот не лежит у русских... ▲

Ружейников: ▼ Но вы—то не 80% граждан, вы—политик. Понимаете? Потому что 80% немцев за кого проголосовали в 1933 - м, ‖ понимаете?

Жириновский: ‖ Так они голосовали, не знали, что будет.

Ружейников: Конечно.

Жириновский: Просто лидер партии, название красивое: Национал-социалистическая рабочая партия.

Ружейников: Рабочая. Рабочая.

Жириновский: И что места дадим, заводы заработают. Он же не говорил, что будут концлагеря, и там будут всех вешать, расстреливать. Начиналось-то все... ▲

Ружейников: ▼ <u>Это я к тому, что вы ж политик, вы ж понимаете, что если мы сейчас это отделим, то Курилы мы, разумеется,</u> ‖ отдадим, Татарстан сам уйдет...

Жириновский: ‖ Согласен, согласен.

Минаев: Башкирия.

Ружейников: Башкирия, да.

Жириновский: Согласен. Ни одного метра никто отдавать не будет...

（三）对比

本书的语料显示，俄汉语政治访谈的主体部分具有以下共同点。

第一，俄汉语政治访谈的主体部分是由一个个的问答类对话统一体构成，这是在大众传媒的机构语境下形成的采访记者提问、政治家回答的会话结构。

第二，根据问答类对话统一体的话轮数量和组织形式，俄汉语政治访谈中的问答对都有两种类型，即简单型问答对和复杂型问答对。

第三，俄汉语政治访谈中的复杂型问答对存在以下相同的类型，即通过前置序列构成，通过记者的追问话语构成，通过记者的评价、总结性话语构成，通过记者的解释性话语构成，以及由记者对政治家的补充话轮构成。

相比之下，俄汉语政治访谈的主体部分具有以下不同点。

第一，从复杂型问答对的组织形式来看，俄语政治访谈的复杂型问答对的构成更加复杂，除了以上相同的类型，还有由政治家的问话构成的、由政治家的反对话轮构成的以及由插入序列构成的复杂型问答对。一些复杂型问答对可能由多个构建形式构成，如例（34）。

第二，从复杂型问答对的话轮数量来看，俄语政治访谈中经常出现由五个以上的话轮构成的复杂型问答对，而汉语政治访谈中复杂型问答对的构成话轮数量相对较少。

第三，从简单型问答对和复杂型问答对的使用次数和比例来看，汉语政治访谈中较多地使用简单型问答对（所占比例为52%），俄语政治访谈中较多地使用复杂型问答对（所占比例为70%）。表3-1、表3-2、图3-1是对15篇俄语政治访谈及15篇汉语政治访谈中简单型问答对和复杂型问答对使用情况的统计，以及俄汉语政治访谈中复杂型问答对使用比例对比情况。由此可以看出，俄语政治访谈中含有较多的"对话体"成分，而汉语政治访谈则含有较多的"独白体"成分。

表3-1 俄语政治访谈中简单型问答对和复杂型问答对使用情况

访谈编号	简单型问答对		复杂型问答对		总计（个）
	数量(个)	比例(%)	数量(个)	比例(%)	
1	11	79	3	21	14
2	1	10	9	90	10
3	25	69	11	31	36
4	9	60	6	40	15
5	2	29	5	71	7
6	2	17	10	83	12
7	3	17	15	83	18

续表

访谈编号	简单型问答对		复杂型问答对		总计（个）
	数量(个)	比例(%)	数量(个)	比例(%)	
8	0	0	16	100	16
9	4	29	10	71	14
10	3	18	14	82	17
11	0	0	40	100	40
12	9	31	20	69	29
13	6	29	15	71	21
14	4	18	18	82	22
15	6	43	8	57	14
平均比例(%)	30		70		

表 3-2　汉语政治访谈中简单型问答对和复杂型问答对使用情况

访谈编号	简单型问答对		复杂型问答对		总计（个）
	数量(个)	比例(%)	数量(个)	比例(%)	
1	7	47	8	53	15
2	13	87	2	13	15
3	8	67	4	33	12
4	7	33	14	67	21
5	17	61	11	39	28
6	4	31	9	69	13
7	9	100	0	0	9
8	2	17	10	83	12
9	3	33	6	67	9
10	12	71	5	29	17
11	1	14	6	86	7
12	5	50	5	50	10
13	9	50	9	50	18
14	5	83	1	17	6
15	4	40	6	60	10
平均比例(%)	52		48		

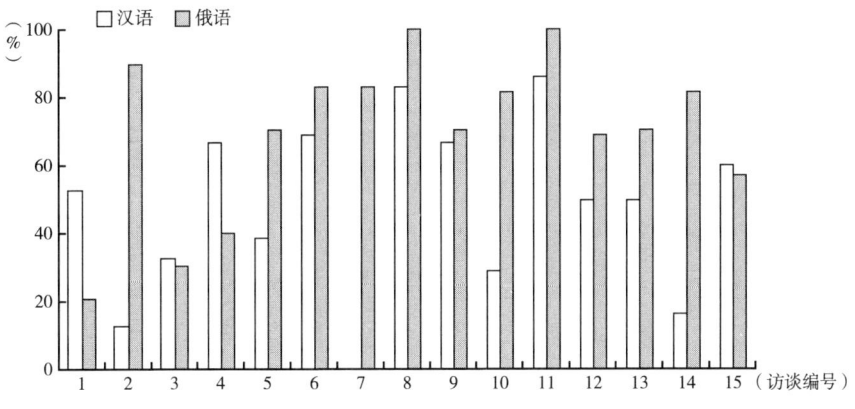

图3-1 俄汉语政治访谈中复杂型问答对使用比例对比图

第二节 政治访谈的话轮转换机制

一 常规转换机制

新闻访谈研究借用了会话分析中话轮转换规则的研究方法。作为一种机构话语,新闻访谈的特点是采访记者提问,被采访人回答问题,它在访谈的开始与结尾、话轮转换规则等方面与日常会话体系有很大区别。Greatbatch(1988)描绘出英国新闻访谈的话轮转换机制。第一,采访记者的话语至少可被理解为问话,而被采访人的话语应至少可被理解为答话。第二,采访记者很少使用在日常会话中常见的反馈项目,如接收标记、评价等,而是直接提出下一个问题。第三,采访记者的话轮中可含有观点、立场成分,但是这些信息都是提问的前提和铺垫(多表现为两种形式:观点+附加疑问词和带前导性陈述的问句),而被采访人也持同样理解,在可能的话轮交接处通常不会索取话轮。第四,多人访谈中,采访记者决定话轮的分配。第五,访谈多数情况下由采访记者开始。第六,一般也由采访记者结束访谈。第七,当被采访人违反常规的话轮转换机制时，多数情况下，采访记者通过下一个提问修复该机制。Heritage 和 Greatbatch（1991）指出，新闻采访中记者的问话往往不是一个简单的问句，而是一种"问题分配结构"（question delivery structure），如由前导性陈述和问句组成，而访谈中的答话多是扩展的多单位话轮（extended multi-unit turns），这一点不同于日常会话：日常会话中话轮较短小，而访谈中被采访人的话轮通常很长。Andreas 和 H. Jucker（1986）对新闻访谈中问话和答话的时长进行了定量研究，发现答话的长短随着问话的长短发生相应的调整，两者呈正比例关系。

在文献研究和语料分析的基础上，笔者总结出政治访谈话轮转换的常规机制。第一，采访记者和受访政治家遵循"提问——回答——提问——回答"的循环模式。第二，采访记者较少使用在日常会话中常见的反馈项目，如接收标记、评价等，而是直接提出下一个问题。

（1）2009.12.24，НТВ，Первое，《Россия》

Журналисты：К. Эрнст，О. Добродеев，В. Кулистиков　*Гость*：Д. Медведев

Эрнст：Скоро ли он появится？

Медведев：Скоро.

Эрнст：Дмитрий Анатольевич, российская армия сегодня – это не то, что было 10 лет назад. У нас за последнее время были поводы ею гордиться. Но, тем не менее, проблем в армии – начать и кончить. Хотелось бы понять ваши приоритеты в этой сфере.

Медведев：Ну, действительно, наша армия изменилась. Я хотел бы согласиться с Вами, что ситуация там уже не такая, как была, скажем, 10 лет назад. Российская армия показала, на что она способна, что бы там ни говорили, в том числе и при отстаивании коренных интересов нашей страны и защите наших граждан.

在例（1）中，К. Эрнст 和 Д. Медведев 严格遵守了"提问——回

答——提问——回答"的话轮转换模式，К. Эрнст 也未使用任何反馈项目，而是直接提问。这是政治访谈话轮转换的常态。汉语政治访谈也遵守这种话轮转换模式。

（2）主持人：那一直我们都是把多数的注意力放在居民楼上面，当然刚刚我们刘局也介绍了，这一次的对象的话不仅只是有居民楼，还有一些非居民楼也是我们这次整治的对象，那对于它们的话，是不是也会有一些新的问题，有一些新的解决办法呢？

刘海生：对于非居民楼的问题呢，主要是还是通过市里边，包括市委、市政府，通过各个集团单位，包括我们在上海还有很多中央单位，所以市委领导也出面，专门通过一些大科室的党委，来跟这些中央单位在做工作，希望大家都为世博做一些贡献。因为立面整治是一个整体的东西，不能说你不做就算了，会影响整个街景。应该总的来说呢，整个，包括市里边的一些大单位，一些中央单位大家都很支持#这项工作。

主持人：应该来说这一次的话，刚刚刘局也介绍了，现在这一些工作基本上是处于收尾的阶段了，那么接下来我们主要做一些什么工作呢？

刘海生：我们现在从整治的高峰、施工的高峰应该说过去了，我们现在主要是几件事情要做。第一件事就是还是争取把任务量能够收好尾。我前面讲了，估计在春节前，我们这个总的面上可以完成。春节以后呢，我们还会进行复查，看看有什么遗漏的。当然还有一些工地，因为当时因为施工⊥地铁施工影响，可能起步比较晚……（2010.01.18 东方网）

第三，多人访谈时，主持记者决定话轮的分配，如例（3）是一场三位记者采访一位政治家的访谈，主持记者通过提名的方式选择下一个说话人 Петр, пожалуйста；例（4）是一名记者采访多名官员的访谈片段，记者也是通过提名的方式选择下一个说话人（见划线处）。

（3）*2010.09.19, Радио Свобода, программа «Лицом к лицу»*

Журналисты: Д. Гальперович, Р. Маньюэко, П. Орехин
Гость: В. Новиков

Гальперович: Я напомню в эфире программа «лицом к лицу». И в этой программе член Совета Федерации власти Красноярского края Вячеслав Новиков отвечает на вопрос Рафаэль Маньюэко из испанской газеты «ABC» и обозревателя журнала «Профиль» Петра Орехина. <u>Петр, пожалуйста.</u>

Орехин: Вячеслав Александрович, вернемся немножко к бюджету. Вы по прежнему считаете, что расходы могли бы быть меньше и в 2011 году? Или же сейчас ситуация изменилась, денег у правительства стало гораздо больше, и тратить оно их будет по-прежнему, также скажем, расточительно?

（4）中国网：刚才你也给大家梳理了一下"十一五"期间我们在农业发展方面取得了哪些成果哈，其实我知道咱们取得这些成果的过程当中其实也是遇到了层层的困难，很多的阻力哈，我们就是通过不断摸索，共同努力之下，才克服困难，攻克了一个又一个的难关。那我们在推进农业产业化的过程当中具体又做了哪些工作呢？<u>请那个王处长给大家介绍一下。</u>

王处长：好。"十一五"期间，农业部会同国家发改委、财政部、那个商务部、中国人民银行、国家税务总局、证监会和全国供销合作总社等八个部门紧密合作，那个深入贯彻落实科学发展观，围绕建设现代农业和农民增收的目标……

中国网：我们也注意到，在2007年7月1号实施的《农民专业合作社法》当中明确提出来了哈，各级农业主管部门要对这个农民合作社要给予这个指导扶持和服务哈，那咱们在贯彻这个《农民专业合作社》法过程当中具体地做了哪些工作呢？<u>我们请刘处长给大家介绍。</u>

刘景枢：这个"十一五"期间呢，各级农业部门积极地履行法定的职责，与有关部门一起推动合作社的健康快速发展，做了大量的工作。概括起来的话，可以说是着力打造五个体系……（2010.12.23 中国网）

这种常规的话轮转换机制是在大众传媒机构语境制约下形成的，具有普遍性的特点，适用于俄汉语政治访谈话语。但是这种常规的机制只是政治访谈言语互动的理想模式，在实际的访谈过程中，经常会出现违反该机制的情形，而且该机制在不同的民族文化语境下呈现不同的特点。

二 非常规转换

在政治访谈过程中，交际双方并不总是严格按照话语转换的常规机制进行对话，经常会出现打断话轮和话轮重叠的情况。

国内学者廖美珍对打断和重叠现象进行了详细的描述："打断是在一次话语活动中的两人或多人的口头互动中，一方在没有结束按照会话规则分给他（她）的或他（她）应该得到的那一个话轮的话语时，被对方或另一方打断，从而使他（她）不能或者未能说下去，结束他（她）的话轮，而且是对方或者另一方一开口插话时正在说话的人就停下。"（廖美珍，2003：175）"重叠是指在两人或两人以上的社会交际互动中，一个说话人，在按照规则分给他（她）的或者他（她）应该得到的话轮机会里，在开始说话时，或者在说话过程中，另外一个人用话语插入，使两人的话语部分或完全地重叠。"（廖美珍，2003：195）笔者认为，这种区分打断和重叠的描述十分准确，区分两者的标志就是看是否存在话语重叠。

Bull 和 Mayer（1993）指出，话轮的被打断频率较高是政治访谈的重要特点之一。本书将重点分析俄汉语政治访谈中的话轮打断现象。

（一）俄语政治访谈中的打断

1. 打断的次数及间隔时间

15 篇俄语政治访谈总时长约 674 分钟，共出现打断现象 258 次，平均打断间隔时间为 157 秒/次。（见表 3-3）

表 3－3　俄语政治访谈打断间隔时间

序号	1	2	3	4	5	6	7	8	9	10	11	12	13	14	15
次数（次）	1	19	13	7	2	10	16	14	12	34	30	21	35	35	9
时长（秒）	3148	1574	4903	4143	1402	1477	3179	2173	3179	1725	2826	2971	2098	2867	2745
间隔（秒）	3178	83	377	592	701	148	199	155	265	51	94	141	60	82	305

2. 打断的位置

第一，程序位置：一般在访谈的主体部分，在所收集的 15 篇语料的 258 处打断中，出现在访谈的开头和结尾的仅各 1 处，打断一般出现在关系实质性的问题上，而不是在程序、仪式等非实质性的问题上。第二，话语行为位置：主要在中间偏后的位置或句末。

3. 打断关系及其比例

第一，记者打断他人话语的次数最多，占打断总次数的 68.62%。其中打断政治家的次数占 66.28%，主持记者打断嘉宾记者的次数占 0.78%，嘉宾记者打断主持记者的次数占 0.78%，主持记者打断主持记者的次数占 0.78%，记者打断参与听众的次数占 2.33%。

第二，受访政治家打断他人话语的次数次之，占打断总次数的 27.89%。其中打断记者的次数占 26.74%，打断参与听众的次数占 1.16%。

第三，参与听众打断他人的情况最少，占打断总次数的 1.93%。其中打断记者的次数占 1.15%，打断政治家的次数占 0.78%。

4. 打断结构

第一，"一刀切"即一次性的单纯打断，是政治访谈打断中最常见的情形。

（5）*2010.10.08，Радио Свобода，программа «Лицом к лицу»*

Журналисты: Людмиила Телень, Ф. Лавуа, Е. Квитко　Гость:

С. М. Миронов

Телень: Сергей Михайлович, у меня другой вопрос. Если ваша партия все-таки примет решение выдвинуть вас в качестве кандидата в президенты России, у вас в качестве партнеров уж точно будет либо Дмитрий Анатольевич Медведев, либо Владимир Владимирович Путин, либо оба сразу, что вряд ли, конечно. И тогда возникает вопрос, все воспримут вас как ну некоего такого условного партнера, ▲

Миронов: ▼а дублер

Телень: дублера для того, чтобы создать видимость альтернативы, а не реальную альтернативу?

第二，"连环切"有交错打断和连续打断两种方式。

首先，交错打断指政治访谈中交际双方相互打断对方话语的现象。例（6）中 Е. Родина 和 О. Митволь 连续两次打断对方。

(6) *2010. 11. 16, Русская служба новостей, программа «Позиция»*

Журналист: Е. Родина Гость: О. Митволь

Родина: Олег Львович, вот в этом проекте, в предварительных материалах, говорится, что должны эти центры агломерации возглавить сити-менеджеры. И говорится не о том, что губернаторы, там мэра, а именно сити-менеджеры. Что это за сити-менеджеры, где мы их возьмем? Даже если в федеральных кругах вы говорили или этого ▲

Митволь: ▼Вы знаете, вообще честно говоря, сити-менеджеры, у нас есть такая форма управления а—вообще. С одной стороны, это, хорошо, когда занимается управлением профессионал. С другой стороны, сити-менеджер—это тот человек, который никак не проходит выборы, фактически он назначается по какому-то конкурсу.

Вот и он не отвечает перед людьми за результаты своей работы. ▲

Родина: ▼Не отвечает. ▲

Митволь: ▼ Он, конечно, отвечает перед теми, кто его назначил на эту работу. Обычно, перед Советом депутатов. ▲

Родина: ▼Вы бы пошли сити-менеджером?

Митволь: Вопрос, а— * * Мне никто не предлагает. Хотя нормальная работа. (省略)

其次，连续打断指政治访谈中的一方连续打断另一方。这种打断主要属于记者行为。例（7）中 Л. Маликова 连续两次打断了 Г. А. Зюганов。

(7) *2006.10.16，Радио Маяк，программа «Панорама»*

Журналист: *Л. Маликова*　*Гость*: *Г. А. Зюганов*

Зюганов: Нет, нет, нет. Вот не случайно создают Партию пенсионеров. Пенсионеры попали в труднейшее положение. Средняя пенсия 2-2,5 тысячи, а за квартиру уже надо две платить, за двух-трехкомнатную квартиру. А вот прибавили сотенку, вторую, и голосуют за партию власти. Обошли социальные работники и понудили. Они наедине с телеэфиром, газету не выпишешь, не до каждого дойдешь. За нас голосует наиболее думающая, образованная, подготовленная и работающая часть населения. Не случайно в городах, и в том числе в Москве, мы утроили свои результаты: здесь труднее компостировать мозги, здесь труднее их промывать, здесь труднее заставить, здесь труднее контролировать. А на деревне, особенно в селе, там феодализм самый настоящий: не проголосуешь, как скажут, —не проведем газ, отрежем свет, не повезем в больницу, не вспашем огород. Это уже стало сплошь и рядом. ▲

Маликова: ▼ Но это опять же риторика. Почему вы тогда ‖ не

работаете в областях? Именно туда необходимо идти.

Зюганов: ‖ Кстати, вот и ставили задачу дойти до каждого поселка. Там нужен парторганизатор, агитатор, нужен молодой человек, нужен толковый. ▲

Маликова: ▼Где взять? Нашли, агитаторы?

Зюганов: Нашли, нашли. Сегодня у нас немало уже молодых людей, мы укрепили комсомольскую организацию, у нас как грибы растут пионерские организации. Мы омолодили весь состав руководящий. У меня секретарь по делам молодежи — 28 лет, секретарь по пропаганде — 27 лет, первый секретарь Московского горкома — 40 лет. И так далее.

5. 打断的原因

笔者发现, 在政治访谈中打断的原因有时与语用学中的合作原则有关, 但是, 有些打断无法用语用学中的相关准则来解释。此外, 不同打断对象之间的打断原因也不尽相同。

记者打断他人的话分为三种情况。

第一种情况, 记者打断政治家的话。在一些情况下, 记者打断政治家的话出于遵守合作原则的考虑。记者很少明示打断的原因。这类打断一般出现在中间偏后或句末的位置。

第一, 量准则。首先, 信息量不足。记者认为受访政治家没有提供充足的信息, 通过打断的方式, 再次提问或重新表述问题。如例（8）中有箭头的3处, O. Митволь 回答 "权力机关和民警机关应维护秩序" 之后, E. Родина 将其的话打断, 以明确 "什么层次的权力机关和民警机关"。

（8）*2010. 11. 16, Русская служба новостей, программа «Позиция».*
Журналист: *Е. Родина*   Гость: *О. Митволь*

Родина: （省略）Все-таки об объединении давайте. А — вот ваша

позиция: объединить легче? Сейчас настало время для того, чтобы объединить Москву ‖ и область? К этому все идет или нет?

Митволь: ‖ Вы знаете, я считаю, что вообще надо бы навести, скажем так, порядок в тех же Химках, и в плане криминалитета. Я не хочу лезть в систему ЖКХ, да там статьей много было, и в «Новой газете» и т. д. Мы там видели (——), какие фирмы работают, кто там у кого родственники, все мы там видели, да? Это, ну, как бы на этом, ⊥ ну никто не видит, у нас это нормальным считается. Ну, ладно, вопрос. Но то, что извините меня, людей, которые чем-то недовольны и с чем-то не согласны, отправляют в реанимацию, но понимаете, без исключения, то есть там извините меня. А▲

Родина: 1→▼Кто должен наводить порядок?

Митволь: Убивают верстальщика Протазанова, там — 4 ноября покушение на Константина Ярошенко... то есть там вопрос▲

Родина: 2 → ▼ Кто должен наводить порядок? ‖ Я еще не понимаю.

Митволь: ‖ Вообще это должна заниматься и власть, и милиция. Вот▲

Родина: 3→▼Вот, какие? Областные, химкинские или, может быть, московские уже? Или федеральные?

Митволь: Вы знаете, я надеюсь, что федеральные сделают какие-то выводы. （省略）

其次，信息量冗余。记者认为受访政治家提供的信息过多，将其的话打断并明示打断原因。如例（9），箭头 1 处发生了一次话语重叠，这时，Е. Родина 预测到对方要说的话，但是 О. Митволь 仍继续叙述；箭头 2 处，Е. Родина 打断 О. Митволь 的话，指明"这些信息大家都知道"。

第三章 政治访谈的对话结构

（9） *2010. 11. 16，Русская служба новостей, программа «Позиция».*

Журналист：Е. Родина   Гость：О. Митволь

Родина：Был как?

Митволь：（省略）Потом, там есть некто Анатолий Юров, бывший главный редактор газеты «Гражданское согласие». Значит ему ⊥ сначала напали на него, просто избили. Потом он получил десять ножевых ранений. Причем, когда его кололи этим ножом, ему говорили, чтобы он больше газету не выпускал. Потом на самом деле, эта история с Бекетовым. Вы знаете, да, что сначала ему на пороге его дома ‖ убили...

Родина：1→ ‖ Да, собаку.

Митволь：собаку, подбросили, ▲

Родина：2 → ▼ Да, все мы знаем, то ‖ есть это всё взаимосвязано.

Митволь：‖ Сожгли машину. Нет, я ничего ‖ ⊥ просто вам рассказывал.

Родина：‖ Нет? Да, но все мы знаем, ‖ просто хотела.

记者认为受访政治家已提供了足够的信息，通过打断改变话题的方式阻止其说下去。如例（10）中，记者认为 В. Новиков 已经提供了足够的信息，于是将其的话打断，把话题从 Горбачев 转移到 Ельцин。

（10） *2010. 09. 19，Радио Свобода, программа «Лицом к лицу»*

Журналисты：Д. Гальперович, Р. Маньюэко, П. Орехин

Гость：В. Новиков

Гальперович：А как отреагировал Горбачев?

Новиков：А——Горбачев на это никак не отреагировал. А —— Российская Федерация тогда тоже в общем... ▲

Гальперович：▼ Но через год вас поддержал Ельцин.

89

第二，相关准则。答非所问是政治家话语的一个典型特征，因此有时记者不得不通过打断的方式阻止"跑题"的政治家继续说下去。如例（8）箭头1处，Е. Родина 打断 О. Митволь 的话，提出了一个新的问题，而 О. Митволь 全然不顾，仍接着上一个话轮往下说，因此 Е. Родина 不得不再次将其的话打断（箭头2处）。

第三，质准则。这种情况很少。如例（11）中，Добродеев 遵守"质准则"，将 Медведев 话语中的不准确信息（буквально несколько дней назад）修正为 вчера。

(11) 2009.12.24，НТВ，Первое，«Россия»

Журналисты：К. Эрнст, О. Добродеев, В. Кулистиков　Гость：Д. Медведев

Медведев：Наиболее серьёзные сложности были в Дербенте, буквально несколько дней назад состоялись решения. ▲

Добродеев：▼Вчера, вчера

第四，其他原因。

其一，核实信息。记者在政治家回答问题的过程中往往打断对方的话，核实一些信息。例（12）箭头处 М. Дейч 打断 Ю. М. Лужков 的话，以明确 московское жилье 的具体所指。

(12) 1993.08.28，Радио свобода，программа «Лицом к лицу»

Журналисты：М. Дейч, Д. Мажелова, Л. Колодный　Гость：Ю. Лужков

Дейч：Юрий Михайлович, я коренной москвич, и у меня такое впечатление, что за последние годы（может быть, это ложное впечатление）совершенно прекращено жилищное строительство — главная, насущная проблема для многомиллионного города, тем более такого, как Москва. Всегда в Москве не хватало жилой площади, всегда были многотысячные очереди первоочередников, скажем так, и не только первоочередников жилья. У меня такое впечатление, что жилищное строительство практически законсервировано. Это, может быть, не так?

Лужков: Абсолютно не так. То есть вы ошибаетесь, грубо ошибаетесь. Я вам могу сказать, что последние три года мы ежегодно вводим по 3 миллиона квадратных метров жилья. <u>Это московское жилье</u>▲

Дейч: →▼Извините. Это то жилье, которое предназначено для москвичей, что называется, просто очередников? Или это жилье, которое вы продаете коммерческим структурам, которые потом взвинчивают цены безумно, продают их уже называется миллионерам, у которых и так есть жилье?

其二，扩展话题。例（13）箭头 2 处 Людмила Маликова 针对 Г. А. Зюганов 的回答，建议问题的解决方法。

（13）*2006. 10. 16，Радио Маяк, программа «Панорама»*

Журналист：Л. Маликова　Гость：Г. А. Зюганов

Маликова: Убедить можно? Вот просто ▲

Зюганов: 1 → ▼ «Единую Россию» убедить нельзя. Никакие аргументы, никакие доводы — ничего не работает. Это штамповочное производство: как прикажут, так и будут голосовать. ▲

Маликова: 2 → ▼ Обратиться к президенту, ‖ мы говорим о будущем страны

Зюганов: ‖ Я выступал, кстати. Президент вроде бы и слушает, а мэр не принимает.

其三，时间原因。不同于日常会话，政治访谈的时间受到一定的限制。记者负责在一定的时间内结束访谈，所以记者在访谈互动中有较强的时间意识，有时会因为时间限制，打断政治家的话，如例（14）箭头处。

（14） *2011. 01. 25，Русская служба новостей，программа «Позиция»*

Журналист：О. Гречанюк　Гость：Г. Гудков

Гудков：（省略）Они говорят：«Эта идейная обработка идет такими темпами, так быстро, что когда уже родители начинают что-то замечать, уже поздно бывает». Вот допустим там шесть семь детей, в семье там пять шеть, всё нормально, шестой там последннй, ну неважно, один из них вдруг там▲

Гречанюк：→ ▼Геннадий Владимирович, я предлагаю позицию формулировать, потому что времени ‖ мало остаётся.

其四，预测到对方将要说的话语。

（15） *2010. 12. 23，Радио Маяка，Шоу «Танцы с волками»*

Журналист：И. Ружейников，С. Минаев　Гость：В. В. Жириновский

Жириновский：‖ Вот тогда честно не сказали они, а сейчас нужно сказать：«Ребята, если вернемся к прямым выборам губернаторов... ▲ Ружейников：▼Опять бандиты придут.❘

Жириновский：❘ К власти придут только бандиты. ‖ У них огромные деньги, и вы же сами будете голосовать».

其五，表示个人观点或情感。记者打断政治家的回答，对其话语内容进行评价，如表示同意、相信、指责等。这种情况违背记者中立立场的要求，因此较少。例（16）中 М. Андреева 打断 Л. Гозман 的话，表示对其观点的认同。

（16） *2011. 01. 25，Русская служба новостей，программа «Позиция»*

Журналист：М. Андреева　Гость：Л. Гозман

Гозман：Так это же разные вещи. ▲

Андреева：▼Разный, абсолютно, да.

第二种情况，记者打断参与听（观）众的话。

第三章 政治访谈的对话结构

第一，相关准则。在政治访谈的听（观）众参与环节中，有些听（观）众的观点陈述与讨论的主题不相关，这时记者不得不将其的话打断。打断的位置一般都是在句末。如例（17）中，记者要求与受访政治家持不同看法的听（观）众参与访谈，而该听众则是"想表述自己同意的地方"。

(17) *2011. 01. 25，Русская служба новостей，программа «Позиция»*

Журналист：О. Гречанюк　Гость：Г. Гудков

Слушатель：Да，да，да. Я хотел просто хочу сказать，чем я там согласен. ▲

Гречанюк：▼Нет，с чем вы не согласны，сейчас нам интересно，в чем ‖ вы не согласны.

Гудков：‖ У нас сегодня час не согласен，час не согласен.

第二，量准则。听（观）众的观点得到较清晰的表达后，记者就会将其的话打断，以防听（观）众多说。打断的位置一般都在句末。

(18) *2011. 01. 25，Русская служба новостей，программа «Позиция»*

Журналист：О. Гречанюк　Гость：Г. Гудков

Слушатель：Знаете，что я хотел бы по этому поводу однозначно сказать，это я не вижу однозначно бега именно в его концепте во-первых. Непосредственно и как государственный институт，Государственная дума повинна в этом теракте. Как президент и премьер-министр，они создали концепцию именно политического управления，где теракты есть продолжение их политики. Это надо жестко и четко понимать. Я не понимаю，они что сидят с 3мя классами образования? Они этого не видят? ▲

Гречанюк：▼ Да，Владимир Иванович，спасибо. Геннадий Владимирович，покомментируйте.

第三种情况，记者打断记者的话。在两个或多个记者参与的政治访

93

谈中，偶尔出现记者之间相互打断对方话语的情况。但是这种情况很少，打断的原因主要是提出不同的观点或对另一方的话语进行补充。此处不做详述。

政治家打断他人的话分为两种情况。

第一种情况，政治家打断记者的话。政治家打断记者的话的原因主要是竞争和急于表达自己的观点。虽然采访记者是访谈过程的"领导者"，但是不同于其他职业的受访对象，政治家在访谈过程中积极主动地争取话轮，以尽量详细地说明自己的观点，从而使访谈按照有利于自己的方向进行。

首先是竞争。这类打断一般处于靠前的位置。

(19) *2006. 10. 16，Радио Маяк，программа «Панорама»*

Журналист：Л. Маликова　Гость：Г. А. Зюганов

Маликова：Геннадий Андреевич, это ваше мнение, поскольку еще ни Конституционный суд, ни избирком ‖ не дали оценки.

Зюганов：‖ Не моё мнение. Это официальный отчет ‖ избирательной

Маликова：‖ Это ваш… ▲

Зюганов：▼Нет. Это официальный отчет избирательной комиссии. ‖ В других областях, посмотрите, 3, 4, 5 процентов.

例（19）中 Г. А. Зюганов 在与记者两次话语重叠之后又将其的话打断，可以看出政治家在访谈过程中是如何争取话语权的。

其次是急于表达自己的观点。如例（13）箭头 1 处。

第二种情况，政治家打断参与听（观）众的话。政治家打断听众的话的主要原因也是急于表达自己的观点。如例（20）箭头 1 处。

(20) *2010. 11. 16，Русская служба новостей，программа «Позиция»*

Журналист：Е. Родина　Гость：О. Митволь

第三章　政治访谈的对话结构

Родина：（省略）С этим ‖ вы готовы поспорить？

Слушатель：‖ Конечно. Я не согласен. Понимаете? Это 20 тысяч километров на 6 поделить. Понимаете? ▲

Митволь：1→ ▼Нет, подождите. Я хочу другое сказать. Я хочу сказать, что мы сегодня де-факто, в 2000 году, точнее, не сегодня, а уже десять лет, мы создали такие вещи как федеральные округа. Сегодня в каждом федеральном округе есть полпред президента, ‖ есть есть…

Слушатель：‖ Совершенно правильно, совершенно правильно, совершенно правильно.

Митволь：Есть соответствующие руководители от Министерства внутренних дел, есть… ▲

Слушатель：2→ ▼Есть структура вертикальная и горизонтальная. Есть 14 уже готовая, сформированная ‖ структура.

第三种情况，参与听（观）众打断他人的话也较常见。参与听（观）众打断记者或政治家的话的主要原因是急于表达自己的观点，如例（20）箭头2处和例（21）。

(21) *2010. 11. 16，Русская служба новостей，программа «Позиция»*

Журналист：Е. Родина　Гость：О. Митволь

Слушатель：Добрый вечер, Владимир, Москва.

Родина：Да, Владимир, вы▲

Слушатель：▼Я бы хотел поспорить, ‖ причем принципиально.

Родина：‖ Пожалуйста, пожалуйста.

（二）汉语政治访谈中的打断

1. 打断的次数及间隔时间

15篇汉语政治访谈总时长约617分钟，共出现打断现象78

次,平均打断间隔时间为 474 秒/次。在 3 篇政治访谈中(其中包括仅有的 2 篇多人访谈)未出现打断现象。表 3-4 和图 3-2 分别是汉语政治访谈中打断间隔时间的统计和俄汉语政治访谈中打断间隔时间的对比。

2. 打断的位置

第一,程序位置:汉语政治访谈中的打断现象出现在访谈的主体部分,然后推出结论(打断一般出现在关系实质性的问题上,而不是在程序、仪式等非实质性的问题上)。

表 3-4 汉语政治访谈打断间隔时间

	1	2	3	4	5	6	7	8	9	10	11	12	13	14	15
次数(次)	2	7	3	7	13	17	0	10	0	3	2	9	2	0	3
时长(秒)	1894	3191	2070	3738	3531	2820	1971	2017	2360	1469	1347	2149	2064	3600	2788
间隔(秒)	947	456	690	534	272	167	0	202	0	490	674	239	1032	0	929

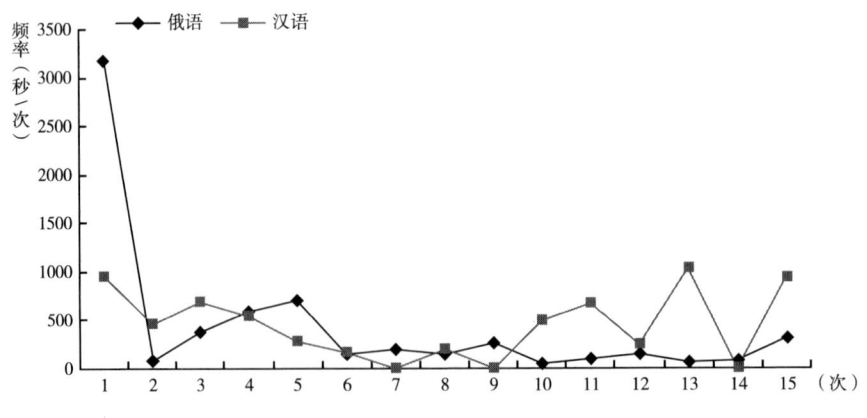

图 3-2 俄汉语政治访谈打断间隔时间对比

第二，话语行为位置：主要在中间偏后的位置或句末。

3. 打断关系及其比例

第一，记者打断政治家的话的现象较多，占打断总数的80.77%。

第二，受访政治家打断记者的话的现象较少，占打断总数的19.23%。

4. 打断结构

第一，"一刀切"是汉语政治访谈中最常见的打断现象。

（22）主持人：这里马上就有网友提出来，他说您刚才提到的规划，那么他想问一下213国道成都至仁寿二鹅山隧道有没有这方面的规划建设？

鲜雄：这个，你这个问题啊，这个应该说是超过了我们这个重灾区的范围，但是呢，213，经过213的南段，也就是成都经过仁寿向南边走，这个通道我们已经有一条高速公路规划，而且它前期工作已经起步，已经起步，不仅仅是打通一个213的隧道的问题，是整个有一条高速公路通往⊥经过仁寿，啊经过仁寿，所以仁寿的交通将会在近几年▲

主持人：▼得到改善。

鲜雄：得到一个极大的改善。（2008.06.29 四川省人民政府网）

第二，汉语中的"连环切"打断现象较少，与连续打断相比，交错打断现象更少见。例（23）中，主持人连续两次打断受访政治家的话。

（23）主持人：嗯，其实每到这个辞旧迎新的时候，我们都会用很多的数据对过去的一年做一个总结，嗯，相信去年天门市在经济方面一定是个丰收年，不过我们现在很多人都喜欢用一个词来作为我们人生的一个追求，就是幸福，所以我们现在也有一个数据叫幸福指数，那您觉得天门市和"十一五"期间相比啊，人们的幸福指数有没有提高？具体有没有一些实实在在的例子给我们印证呢？

张爱国：这个幸福我说实际上就是一种感觉，这个幸福指数嘛实际

上就是挂在人们脸上的一个指数。▲

主持人：▼哎您说的特别对****还有就是他们心里的感觉。

张爱国：对对，就是一种感觉。应该说"十一五"时期，也是我们天门经济发展最快的时期，也是老百姓得实惠最多、幸福感最强的一个时期。我想有这么几个方面，我简单罗列一下，##一个就是收入增加了，去年我们整个全城镇居民人均可支配收入达到了12270元，同⊥应该说"十一五"是2005年的1.7倍，农民的人均收入达到了6207元，应该说前五年连续增幅是达到了13.4%，是这个2005年的1.9倍。这是一个标志。▲

主持人：▼也就是说群众的这个荷包比以前更鼓了。

张爱国：哎，更鼓了，收入是大幅的增加##，这是增幅这一块儿的。第二个呢，感觉就是……（2011.03.09 CCTV）

例（24）中出现了主持人和记者相互打断对方的话的情况。

（24）主持人：好。其实我们网友们都知道咱们房地局管的工作内容是特别多。那接下来可能我要跟刘局要讨论的这个内容，应该是大部分网友看我们今天节目比较关注的一个部分，就是关于保障性住房的问题。因为大家都知道这个经适房的话也是昨天第一批试点的申请结束了，那这一次试点的申请过程的话，能不能请刘局给我们介绍一下呢？

刘海生：应该说，经济适用房自从去年⊥2008年的年底，我们公开征求市民的意见开始，一直到这一次的试点，昨天是申请结束，差不多整整一年多点的时间，受到社会的广泛关注。从这项制度的设计，从上海本身来讲，实际上是从07年年底就开始做这项工作。因为这项工作涉及千家万户，而且从全国各地呢，实际上也已经做过一些尝试。做过尝试以后呢，大家也有不同的反响，不同的做法。也看到它当中有成功的经验，也看到一些弊端。所以，上海在制定这个政策的过程当中，也充分吸取了外省市一些好做法。我们实际上也学了一些包括国外的一些保障性住房，他们是怎么搞#，也关注到比如像"六连号"的问题，什么开宝马买经济适用房的问题#，这些媒体报道我们也很关注。希望在上海能够尽可能避免再重复出现这种由于政府部门运作当中管理不严而造成的一些过失#。另外呢，这项普惠制政策很重要的一条就是公开透明和公平的问题，这也是大家很关心的问题，因为上海的居住条件总的来说虽然大大改善了，但是毕竟居住困难户还是很多。▲

主持人：▼嗯，那这一次▲

刘海生：▼所以，大家就很关心，你这个办法出来是不是能够公平#。我们不可能每家每户的情况都能够照顾到，但至少大部分的家庭的情况能够，使得大家有一个比较公平的一个准入条件，或者一个公平的选房的机会。（2010.01.18 东方网）

5. 打断的原因

第一，记者打断政治家的话。

其一，预测到对方将要说的话语。这是一种合作性的打断，其特点表现在政治家对打断话轮内容的赞同，多通过重复的形式表现。

（25）主持人：这里马上就有网友提出来，他说您刚才提到的规划，那么他想问一下213国道成都至仁寿二鹅山隧道有没有这方面的规划建设？

鲜雄：这个，你这个问题啊，这个应该说是超过了我们这个重灾区的范围，但是呢，213，经过213的南段，也就是成都经过仁寿向南边走，这个通道我们已经有一条高速公路规划，而且它前期工作已经起步，已经起步，不仅仅是打通一个213的隧道的问题，是整个有一条高速公路通往⊥经过仁寿，啊经过仁寿，所以仁寿的交通将会在近几年▲

主持人：▼<u>得到改善</u>。

鲜雄：<u>得到一个极大的改善</u>。（2008.06.29 四川省人民政府网）

其二，对政治家的话语进行解释。

（26）刘海生：是开放的，在沿街的下面就是行人，在小区里就是居民。所以当时担心安全的主要三个方面,一个是施工它对周围来往的行人的安全问题#。第二个问题,就是我们脚手架搭了以后,很多都是居民家庭,它的生活在里面,是不是⊥事实上也发生了这些案例,但是尽管不多,但是有通过脚手架到居民家里去盗窃的情况。▲

主持人:▼哦,当梯子用了。(2010.01.18 东方网)

其三,核实有关信息。

(27) 刘海生:另外就是标准现在放宽了,使得这个受益面能够扩大,总的设想呢,在今年我们中心城区把这个试点面都能够拉开。▲

主持人:▼中心城区都能

刘海生:因为相比较,因为郊区相比较困难户也少#,如果解决呢,比中心城区要容易得多#,所以重点还是放在中心城区。(2010.01.18 东方网)

其四,扩展话题。

(28) 主持人:库主席,您说完这些话,我想到这个⊥看到一位网友的这个提问,不知道是否能正好说到您的心里去,正好能够总结您刚才所说的这些。一位叫作"海阔天空之地"的网友,他就说:没有党和国家的正确领导,大发展、大繁荣就无法实现。

库热西·买合苏提:这位网友呢,说得是非常、非常地正确。新疆呢,可以说新中国成立后啊,我们可以用发生了翻天覆地的变化这样一个词来形容,这一点是毫无疑问的,确确实实,新疆的发展也是举世瞩目的。但是呢,由于这个种种原因啊,可以说使得新疆发展呢也受到了很多的制约,受到很多的制约。因此如果要⊥想在新的历史时期实现新疆的跨越式发展,必须要有党中央、国务院的坚强领导和全国人民、全国各省市的鼎力支持,这一点是毫无疑问的。如果没有中央的支持啊,仅靠新疆自身的努力啊,这个发展速度肯定还是相对较慢的。特别是在政策上的支持,中央在政策上的支持对新疆来讲是至关重要的。我们讲新疆现在有很多的优势,比如说这个资源的优势,这个矿产资源这些方面的优势应该说在全国也是非常好的。但是这些矿产资源的优势如何能变成我们的经济优势和产业优势啊,这在很大程度上要靠国家的一些政策的支持,政策的支持。所以这次中央召开新疆工作座谈会,特别是出台了这个9号文件,在这个9号文件里明确提出,在今后对新疆的发展要实行差别化产业政策,实行差别化产业政策。那么在差别化产业政策里头对新疆的一些能够形成自己经济优势的一些资源,就是可以给予一定的差别化产业政策,就是说要和全国的一些,一刀切的政策要有所区别。▲

主持人:▼<u>具体来说有哪些?</u>

库热西·买合苏提:具体来讲,比如在这个钢铁、在煤炭的这个转化加工,在这个水泥产业的发展,等等,包括在电力的发展,等等,这些产业方面的发展。(2011.05.15 新华网)

其五,评价,表示个人观点或情感。

(29) 主持人:嗯,其实每到这个辞旧迎新的时候,我们都会用很多的数据对过去的一年做一个总结,嗯,相信去年天门市在经济方面一定是个丰收年,不过我们现在很多人都喜欢用一个词来作为我们人生的一个追求,就是幸福,所以我们现在也有一个数据叫幸福指数,那您觉得天门市和"十一五"期间相比啊,人们的幸福指数有没有提高?具体有没有一些实实在在的例子给我们印证呢?

张爱国:这个幸福我说实际上就是一种感觉,这个幸福指数嘛实际上就是挂在人们脸上的一个指数。▲

主持人:▼<u>哎您说的特别对</u>****<u>还有就是他们心里的感觉。</u>

张爱国:对对,就是一种感觉。(2011.03.09 CCTV)

其六,补充信息。

(30) 鲜雄:第二个困难呢,就是已经抢通的公路保通极其困难。这个因为这次地震强度很大,烈度很高,整个次生的地质灾害源源不断,▲

主持人：▼而且有余震

鲜雄：余震也不断，这个所以呢，我们的基础的设施从路基、路面、桥涵到排水系统都全面受到严重的损毁。已经抢通的路段里边还有一些只能够单向地通行，这个只有单车道，抢不出来这个双车道，因为这个边坡太陡，这个这个崩塌体这个方量太大。▲

主持人：▼特别由于现在又进入到汛期

鲜雄：┃对对对

主持人：┃滑坡的现象可能也会经常出现。

鲜雄：对，你这个讲的是很正确，很正确哦。第二个因素就是因为这个雨季了……（2008.06.29 四川省人民政府网）

第二，政治家打断记者的话。

汉语政治访谈中，政治家打断记者的话的主要原因是急于表达自己的观点、立场、情感等。

（31）主持人：好，我一定转告。前几天您在接受媒体采访的时候，曾经说绝不允许用金钱和权力侵蚀崇高的科学事业。我看这个，在您的新闻下面有很多的网友留言。反响很好啊。然后有的网友说，您说得挺好的，万部长。▲

万钢：▼我也看了。您不用说了，我都知道。他说您说得挺好，但是您怎么‖实施的，您干什么事，您怎么弄吧。（2009.03.09 人民网）

第三节　小结

政治访谈是在大众传媒机构语境下以记者提问、政治家回答的互动模式进行的言语交际。在这一交际过程中，双方的话语角色是不平等的，记者是访谈过程的领导者和控制者，但是作为政治机构代表的政治家不同于一般的、被动的受访者，他们在交际中积极索取话轮，争取更多话语权利，努力实现自己的交际目的。这些特征决定了政治访谈既不同于一般的日常会话，也不同于普通访谈，呈现独特的会话结构特点。

一 开端部分

政治访谈通常由采访记者开始。记者是访谈开端阶段的主导者和控制者。开端由三个必有部分组成：(1) 向听（观）众问候；(2) 介绍被访者；(3) 引入访谈主体部分。非必有组成部分视媒体、节目特点而定，如广播政治访谈一般以宣布时间、地点、节目名称为开头。这一特点使政治访谈区别于电视新闻访谈，后者一般以新闻报道的形式提出第一个问题，然后介绍解答问题的专家。

必有部分的顺序均为（1）（2）（3）。这一顺序使政治访谈区别于某些访谈。例如，明星访谈不具有明确的布局结构，其结构成分通常是问题、回答、评价的不同组合。在介绍的过程中，政治访谈的节目主持人或记者有淡化个人身份（以最简单的方式进行自我介绍）、凸显政治家的身份的倾向，并尽量减少个性化表达。

政治访谈开端部分最突出的特点是对被访者的政治身份的介绍。介绍过程所伴随的直接或间接评价均为积极的、代表主流社会意识形态的，体现了政治话语的社会整合功能。

比较俄汉两种语言的政治访谈可以看出，汉语政治访谈的开头更加突出以下特点：(1) 程式化程度更高；(2) 节目主持人或记者对个人身份更加淡化；(3) 交际双方对第三者参与的意识较俄语政治访谈更强。

二 结尾部分

与日常会话相比，政治访谈的结尾位置和界限相对清晰。媒体（电视、广播、网络）的机构规则决定政治访谈的结束由记者完成。结尾包括结束信号、临别语和结束语三部分。受机构语境的制约，政治访谈应在规定的时间内结束。结束信号因此都具有两方面的功能：（1）为结束节目做准备；（2）避免突兀、不连贯，以便达到模仿自然谈话的效果。临别语和结束语的功能都是言语礼节。

一般情况下，交际者结束会话在很大程度上就是结束话题，双方通过一定的方式表明本次会话想要说的话题内容都已经说完，没有新的话题提出。政治访谈不以谈话双方协商的方式结束话题，而是记者发出结束信号，用词语、语法、言语行为等标记语告知话题的结束，体现了机构规则的强制性。但由于政治访谈又要最大限度地模仿自然会话，要以一般的会话原则（合作原则、礼貌原则）为前提，结束程序通常分三步：结束信号、临别语和结束语。与其他访谈相比，政治访谈结束的特点在于其特有的话语标记和礼貌标记。

俄汉语政治访谈的对比结果显示，汉语政治访谈的结束信号更加注重与作为第三方的听（观）众的互动，反映了在汉语政治访谈中以第三方为主的交际原则。此外，汉语政治访谈的"近结束信号"和"远结束信号"的使用频率较俄语政治访谈更低。这说明结束信号的人际功能与按时结束节目的机构规则相比，后者对汉语政治访谈更有约束力。

三　主体部分

政治访谈的主体指位于访谈开始与结束之间的采访记者与政治家的互动交流部分。政治访谈主体部分的单位是问答类对话统一体。一般把政治访谈中的问答类对话统一体定义为围绕一个话题记者提问、政治家回答的语义结构统一体。

俄汉语政治访谈的主体部分的共同点体现在三方面。（1）俄汉语政治访谈主体部分的单位都是问答对。（2）根据问答对中话轮的数量和组织形式，可将问答对分为简单型和复杂型两类。（3）俄汉语政治访谈中的复杂型问答对存在以下相同的类型：通过前置序列构成，通过记者的追问话语构成，通过记者的评价、总结性话语构成，通过记者的解释性话语构成，以及由记者对政治家的补充话轮构成。

相比之下，俄汉语政治访谈的主体部分具有以下不同点。（1）从复杂型问答对的组织形式上来看，俄语政治访谈的复杂型问答对的构成更加复杂，除以上相同的类型外，还有由政治家的问话构成的、由政治家的反对话轮构成的以及由插入序列构成的复杂型问答对。（2）从复杂型问答对的话轮数量上来看，在俄语政治访谈中经常出现由五个以上的话轮构成的复杂型问答对，而在汉语政治访谈中复杂型问答对的构成话轮数量相对较少。（3）从简单型问答对和复杂型问答对的使用次数和比例来看，汉语政治访谈较多地使用简单型问答对（占比为52%），俄语政治访谈较多地使用复杂型问答对（占比为70%）。由此可以看出，俄语政治访谈的互动形式更多样化，对话性（диалогичность）更强；汉语政治访谈的对话形式具有更多的程式化和仪式性特征，被采访人的独白语很少被打断，独白语在整个会话结构中所占比例高于俄语政治访谈。

四 话轮转换机制

政治访谈话轮转换的常规机制为：（1）采访记者和受访政治家遵循"提问——回答——提问——回答"的循环模式；（2）采访记者较少使用在日常会话中常见的反馈项目，如接收标记、评价等，而是直接提出下一个问题；（3）多人访谈时，（主持）记者决定话轮的分配。但是在政治访谈过程中，交际双方并不总是严格按照话轮转换的常规机制进行对话，打断话轮的情况会经常出现。

打断一般出现在访谈的主体部分，通常在话语的中间偏后或句末的位置。在打断关系上，记者打断他人话语的比例最高，一次性打断最为常见，打断原因有时是执行合作原则的次准则，有时和其他心理、时间等因素有关。记者一般不明示或解释打断的原因。在俄汉语政治访谈中打断现象的差异表现在两方面。（1）在俄语政治访谈中打断的次数较高、间隔时间较短，平均打断间隔时间为157秒/次；在汉语政治访谈中平均打断间隔时间则为474秒/次。（2）俄语政治访谈中的打断既有遵守合作性的打断，也有非合作性的打断；在汉语政治访谈中多为合作性的打断，通常表现为支持或同意对方的观点，以及补充信息等。

  通过对俄汉语政治访谈会话结构的分析，不仅明确了政治访谈作为一种特殊言语体裁在会话结构上的一般特征，而且发现了这一体裁在不同的政治文化语境下的差异。

第四章
政治访谈的意向分析

语言表达的意义始终离不开意向性（Серль，1985）。意向性是人类心智状态的本质属性，是人类能动地作用于外部世界的标志性特征，而语言又是人类与外部世界进行交流的重要手段。因此，意向性最终是语言的（语用的），即作为心智状态的意向性最终要通过语言手段转化为交际意向。交际意向是交际主体在交际过程中意欲达到的某种意图或目的（冉永平、张新红，2007：69），而这些意图或目的最终要通过言语行为才能实现。任何成功的交际都取决于交际意图的恰当表达和准确理解。语用学的方法就是分析与交际意图密切相关的话语的意义或信息交流的内容。这些意义或内容包括言语行为、会话含义、语用策略。

政治访谈是政治家通过回答记者问题的方式实现与民众交流的一种形式。政治家的目的是宣传自己或自己所代表的机构的政治思想和观点，获得民众的支持和理解。采访记者的目的是代表媒体实现政治传播的机构功能，具体地说，是为受众提供政治信息，宣传主流社会的政治思想和观点，向听（观）众解读政治问题等。访谈双方的共同目的是用语言影响听（观）众。

本章通过对政治访谈的意向性分析，将揭示：访谈双方如何根据自己的意向建构话语，以保证政治家的思想观点最大程度地被受众理解；访谈双方对政治话语的社会功能的意识，对自己言语行为的语效意识，也就是对自己的言语行为可能导致的社会影响的意识体现为哪些语用特征和语用策略。

第一节　言语行为

交际意向是交际主体在交际过程中意欲达到的某种意图或目的，而这些意图或目的最终要通过言语行为才能实现。

从交际意图和目的来看，具有话语操控权的记者在话语建构过程中发挥主导作用，他的话语建构以帮助目标受众理解受访政治家对某一社会政治问题的观点和看法为目的，而这一目的主要通过解释言语行为来实现。解释言语行为受制于这样一些典型的语境因素：政治家的语言往往具有机构话语的专业性，访谈的话题常常具有抽象性和复杂性，采访记者必须承担的"中间人"的角色，以及政治访谈的双向受话性和受访人的身份、地位，等等。受访政治家尽管在话轮操控上受制于记者，但他所提供的却是访谈的主要信息。政治家的应答语显然区别于日常会话和其他访谈，其言语行为属于 Austin 的阐释型或 Searle 的断言型言语行为。政治访谈属于政治话语的一个体裁，政治家对政治话语的社会功能的意识，对自己言语行为的语效意识，也就是对自己的言语行为可能导致的社会影响的意识，在很大程度上决定着政治访谈的话语体裁特性，政治家的言语行为和语用策略对政治交际而言更具有典型性和代表性。

一　解释言语行为

解释言语行为（интерпретирующий речевой акт）首先由俄罗斯学者 И. М. Кобозева 和 Н. И. Лауфер（1994）提出。他们认为，对交谈者话语的解释是一种思维活动（мыслительный акт），在某些情况下这种解释可以表现为一种言语行为（речевой акт），例如：— Вопрос первый: в какой мере ту почти тупиковую ситуацию, в какой находится страна, можно связать с марксистским учением? — Вы говорите о послушном следовании марксизму, что, возможно, и привело нас в тупик? И. М. Кобозева 等认为，该例中第二个说话者用自己的话重新表述了上一话轮的主要内容，通过省略"掩饰"词语（*почти*，*ситуация*）、用比较具体意义的表达方式代替抽象意义的表达方式（用 *послушное следование* 代替 *связь*）的手段，在意义的某些方面上稍做改动，从而达到使第一个话轮的意义更加清晰明了的目的。他们把此类在反应对语中理解（解释）交谈者前一话轮命题内容的行为叫作解释言语行为。需要特别指出，И. М. Кобозева 等认为，对交谈者的施事意图、心理或身体状态、实施该行为的原因或对交谈者模式（*модель собеседника*）等其他方面进行解释的行为不属于解释言语行为的范畴。解释言语行为的目的可分为三种。（1）解释者实施该行为，其目的是检验其认知概念的某一方面正确与否，该类行为可描述为：Я понял тебя следующим образом（我对你的话做如下理解）。（2）解释言语行为的目的是解释者将自己认知概念中的某一方面告知对方，在解释者看来，这些信息虽然应该属于但却不属于上一话轮作者的认知概念，该类行为可描述为：Ты понимаешь, что означают твои слова?（你知道，你的话是什么意思吗?）。（3）解释言语行为可以是针对听众的，在解释者看来，保证听众的认知概念的正确性，该类行为可描述为：Смотрите, что у него получается?（你们看看，他是怎样的观点?）（Кобозева, Лауфер, 1994：63-66）

Н. И. Голубева Монаткина 在对问句进行分类研究时也关注到这类语言现象。她区分出一种问句类型——断定问句（вопросконстатация），用来表达问话人对某一事情的认识与对该事的判断，及由一个或多个判断得出的结论之间的对应关系。问话人可根据自己的观点或知识做出判断，也可以依据交谈者的观点或知识，比如（Ты）думаешь,（что）он прав？（你认为他是对的？）做出判断。（Голубева Монаткина，2004：84－85）由于 Н. И. Голубева Монаткина 进行的是问句的分类研究，她区分出的这种断定问句未考虑相邻话轮之间在命题内容上的关系。

国内学者何自然等在分析话语标记语时发现一类标记语具有确认前述命题内容的功能，"它们的使用与其前的话语有紧密的联系，是对前述话语命题内容的进一步确认的语言标志，如'这么说''看样子''如此说来''看来''也就是说''你是说'等"（何自然，2006：298）。何自然等发现这一特殊的话语标记语类型，从侧面印证了解释言语行为对言语交际的普遍性。

可以基本认同 И. М. Кобозева 等对解释言语行为的界定，但须指出，И. М. Кобозева 等认为解释的对象是交谈者前一话轮的命题内容 [понимание（интерпретация）пропозиционального содержания предшествующей реплики собеседника]，笔者认为"前一话轮"这一表述不是很确切。受人脑短时记忆功能等因素的限制，在多数情况下解释的对象是前一话轮的命题内容，但是存在着对前述多个话轮命题内容的解释以及对引语命题内容的解释，例如 Л. Маликова 采访 Г. А. Зюганов 时提出的一个问题，Маликова：Говоря ⊥ выступая перед своими коллегами，перед своими соратниками по партии，вы говорили о том，что необходимо на себя взглянуть по-новому，необходимо критически оценить и переоценить форму и содержание методов работы. <u>То есть，таким образом，вы понимаете то，что вы соглашаетесь с тем，что вы в какой－то степени упустили инициативу</u>。该例划线处解释的对象是 Г. А. Зюганов 在某次大会发言中一句话的命题内容。诸如此类的解释对象虽然时空相隔，但是解释者使用引语模拟了原交际场景，保证了话语在时空上的连贯性，因此该类语言现象也应属于解释言语的范畴。

出于上述考虑，可以对 И. М. Кобозева 等的解释言语行为理论中的解释对象做出更加明确的界定：解释的对象是交谈者的前述话语的命题内容，包括前一个或多个话轮的命题内容和引语。"前述话语"并不限于"前一个话轮"。相应地，解释言语行为是指在反应对语中理解（解释）交谈者前述话语中命题内容的行为。解释言语行为是对交谈者前述话语的命题内容进行澄清、重新叙述和求证，目的是使所传递的信息更加简单清楚，让受话人更容易理解。对解释言语行为的话语标记和言后行为的研究有利于我们判断一个行为是不是解释言语行为。

（一）解释言语行为的话语标记语（语力显示手段）

话语标记语不是为了表达其本身的语义内容或者命题意义，而是为话语理解提供方向，以引导听话者对前后关系的识别与理解（Fraser）。话语标记语可以是连接词、副词、语气词、插入语等。解释言语行为的话语标记语表示解释者确认自己是否正确理解了前述话语这样的元语用意识。

И. М. Кобозева 等区分出六类解释言语行为的话语标记语：（1）话轮与上文之间的原因结果关系标记；（2）内容一致标记；（3）概括标记；（4）对受访者态势的说明；（5）对解释者态势的说明；（6）对被解释对话内容与其意义之间符号关系的说明（Кобозева，Лауфер，1994：63-66）。笔者发现，在政治访谈中经常运用以下四种话语标记语。

第一，推导性标记语：解释者的话轮与前述话语之间呈现原因结果关系，如 значит（就是说、可见）；итак（于是、那么）；так вот（那么、这样一来）；из ваших слов получается что（从您的话得知）；из ваших слов следует, что（从您的话推出）等。

(1) *2010.09.27, Русская служба новостей, программа «Позиция»*

Журналист: М. Андреева *Гость*: Л. Гозман

Гозман: Здесь, вообще, традиционно живет довольно много мусульман в Москве, но и растет число за счет приезжих, разумеется, да? Процент растет. Так вот если мы этим людям не дадим возможность делать ну то, что они считают нужным там: строить свой храм, да?

Андреева: #

Гозман: А— где они могут молиться, как они считают нужным;

Андреева: #

Гозман: где могут собираться в своем кругу и т. д., то в результате мы будем иметь огромный рост социального напряжения. А если учесть, что среди этих людей очень много людей, которые находится, ну, гастарбайтеры, особенно незаконные там мигранты, находятся совершенно внизу социальной лестницы, да? Они ⊥ у них нет смягчающих моментов поведения, мы можем иметь крупные неприятности ‖ в Москве.

Андреева: ‖ <u>Из ваших слов получается</u>, что, в общем-то, нужно пойти навстречу ‖ этим людям.

Гозман: ‖ Думаю, что да. Думаю, что да.

第二，确切性标记语：解释者的话轮与前述话语意义上一致，但在表达方式上有差异，如 то есть（即、就是说），иначе говоря（换个方式说），иными словами（换句话说）等。

(2) *2010. 09. 19, Радио Свобода, программа «Лицом к лицу»*

Журналисты: Д. Гальперович, Р. Маньюэко, П. Орехин
Гости: В. Новиков

Новиков: Вот, а что же касается нового губернатора, то это не новый губернатор, это старый губернатор, потому что меня извините, Лев Владимирович Кузнецов был замом Хлопонина в Норильске, после этого он был его замом на Таймыре, когда тот был губернатором, после этого он был первым замом в Красноярском крае. Просто проработала, тогда это одна команда. ▲

Гальперович: ▼То есть как говорят, правая рука.

Новиков: Да, да, конечно.

第三，对前述话语作者态势的说明：по－вашему（照您的意见），вы хотите сказать（您想说），вы считаете（您认为）/предполагаете（您假设）/думаете（您认为）/полагаете（您认为）/убеждены（您确信）/предлагаете（您建议）/имеете в виду（您指的是）等。

（3）*2009.12.24，НТВ，Первое，«Россия»*

Журналисты：К. Эрнст，О. Добродеев，В. Кулистиков Гость：Д. Медведев

Кулистиков: Да. В рамках, в рамках той программы, которую Вы намечаете по реформированию МВД, будет ли уделено должное внимание финансированию этой службы? Потому что, конечно, не секрет, что зарплаты людей, которые ради нас ежедневно рискуют жизнью, порой унизительно малы.

Медведев: Вы имеете в виду сотрудников МВД? ▎

Кулистиков: ▎Да.

第四，对解释者态势的说明：я так понимаю（我是这么理解的），правильно ли я понимаю（我理解得对不对），если я вас правильно понял（如果我正确理解了您）等。

（4）*2010.12.23，Радио Маяк*

Журналисты：С. Минаев，И. Ружейников Гость：В. Жириновский

Жириновский: Нет, нет, нет. Если поставить Шойгу и Козака, они вдвоем, один со стороны Сочи, с востока, а другой с запада, там все могут смять и навести. А вот Ткачев ничего сделать не сможет, потому что он уже всем все раздал. ‖ Он перед всеми имеет обязательства.

Минаев: ‖ Владимир Вольфович, правильно я понимаю— первая отставка года 2011-го?

Жириновский: Да. Я думаю, да.

须指出，第一点，在政治访谈中，解释者有时会同时使用多个话语标记语，如例（5）中划线处①运用了表示内容一致和对前述话轮作者态势说明的话语标记语（то есть 和 вы считаете），划线处②使用了表示推导关系和对受访者态势说明的话语标记语（значит 和 вы хотите сказать）。

（5）*2010.10.08，Радио Свобода，программа «Лицом к лицу»*

Журналисты：Л. Телень，Ф. Лавуа，Е. Квитко Гость：С. М. Миронов

Телень：А что скажет лидер этой партии?

Миронов：А лидер этой партии, между прочим, обратите, он не член партии. Я уже говорил, сейчас с удовольствием, повторю, я на сто процентов понимаю Владимира Путина, понимать когда он уходит с главного поста страны — с президентского поста, идёт на вторую позицию, и очень хлопотную позицию руководить всей экономикой, он вдруг понимает, что ему нужны рычаги для проведения тех законов, которые ему нужны. В том числе и тех, с которыми я, допустим, не согласен, да? И держать руку на пульсе кадровой политики, например, губернаторов в регионах, чтобы они тоже там вольностью не занимались. И ему нужен был инструментарий. И этот инструментарий — «Единая Россия». Помните, у КПСС профсоюзы были приводным ремнём. Так вот сегодня «Единая Россия» — это приводной ремень для исполнения тех решений и задач, которые сам ставит перед собой Владимир Путин и проводит в жизнь. Именно поэтому, я убеждён, он не член партии,

第四章 政治访谈的意向分析

но возглавил ее. И это нонсенс, труднопонимаемый в любой другой стране, а у нас это является нормой. Вот для меня, например, принципиально важно, что Владимир Путин не член этой партии. Значит такое понятие: не можешь сопротивляться — возглавь. Вот это как раз из этой серии.

Телень: Так, Сергей Михайлович, я хотела бы передать вопрос своим коллегам, но немножко удержусь. ①<u>То есть вы считаете, что Владимир Владимирович Путин не может справиться с «Единой ‖ Россией»?</u>

Миронов: ‖ Нет, он как раз справляется. Но он не хочет, чтобы этот монстр жил сам по себе. Он хочет, чтобы он жил под его контролем, и делает абсолютно правильно, я его просто абсолютно понимаю. И если бы вы видели, что происходит в «Единой России», как там все происходит, вот не дай Бог, если бы они были сами по себе. А сейчас я спокоен, что они всегда... Более того, я же не открою никакого секрета, что когда «Единая Россия» переходит грань, например, во время избирательных кампаний, я иду к Владимиру Путину, и я всегда нахожу у него понимание. Когда там просто захлестывают некие «черные» технологии или какие-то ещё непонятные вещи, я прихожу и к Дмитрию Анатольевичу, и к Владимиру Владимировичу, и там, и там я нахожу понимание, и там же идут резкие команды, одергивания просто-напросто, чтобы немножко вразумить: что всё конкурируйте по-честному. И это абсолютно нормально. ▲

Квитко: ▼②<u>Значит, намеренно создавался монстр, вы хотите сказать?</u>

第二点，并不是出现上述话语标记语就断定该语句一定属于解释言语行为，如例（6）中，虽然出现了内容一致标记语 то есть，但是这句话是 Медведев 用开玩笑的口吻解释前述话轮作者的施事意图，暗含"节目即将结束，你们赶我走"的意思。

（6）2009. 12. 24，НТВ，Первое，《Россия》

Журналисты：К. Эрнст，О. Добродеев，В. Кулистиков　Гость：Д. Медведев

Эрнст：И наше время в эфире судорожно сокращается. ▲

Реплика：▼Не судорожно. ▎

Медведев：▎То есть，вы меня уже гоните?（Смех.）****

（二）解释言语行为的有效条件

解释言语行为一般由始发话轮引发，以应答话轮出现，是一种主体间的互动。对话是解释言语行为的结构特征。

政治访谈的参与者应遵守言语交际规则。Searle 把完整有效地实施某一言语行为的规则称为构成规则。构成规则源于言语行为的充分和必要条件。Searle 以"许诺"言语行为为例，为言语行为确立四条规则：命题内容规则、预备规则、真诚规则和本质规则（Searle，1969：57 - 61）。这四条规则可以根据不同的内容界定任何一种言语行为，确定实施任何一种言语行为的有效条件。

疑问句和陈述句是解释言语行为的语言表达形式，前者更为多见。采用哪种语言表达形式与解释者对其解释内容的把握程度有关。解释者如果认为自己的解释正确率较高，则较多选择陈述句形式，反之则选疑问句形式。因此，解释言语行为具备了提问言语行为和断言行为的某些特点。结合 И. М. Кобозева 等（1994）对解释言语行为有效条件的界定，笔者将解释言语行为的有效条件做以下表述。

1. 命题内容条件

解释者表达的命题 P 建立在双方共同知识基础上，从听话人 H 的前述话语 P′中得出，P 与 P′有直接或间接的逻辑语义关系。

2. 预备条件

①解释者有理由认为，P 为真。

②对于解释者和听众来说，P 为真不明显、不确定。

3. 真诚条件

解释者相信 P 为真，相信 P′表述不清楚。

4. 本质条件

①该行为可视为解释者的一种推测，推测的内容为 P。

② P 成为解释者和前述话语作者的关注对象。

③该行为可被看作解释者试图从前述话语作者那里得到求证，即前述话语作者对 P 的确认或反驳。

（三）关于 И. М. Кобозева 等解释言语行为的语义分类的思考

И. М. Кобозева 等（1994）根据是否改变前述话语的客观内容，首先把解释言语行为分为改变意义型（меняющий смысл）和保留意义型（сохраняющий смысл）。前者体现在对上一话轮命题内容在横向和纵向上的改变，包括：说完整（договаривание）、确认（идентификация）、概括（обобщение）、具体化（конкретизация）。后者主要旨在改进前述话语的表达方式，包括：更名（переименование）、转换结构（переструктурирование），在信息层面上的扩展（развертывание）和压缩（сокращение）、在意识形态层面上的重新理解（переосмысление），以及在情感评价层面上的缓和（сглаживание）和尖锐（заострение）。

И. М. Кобозева 等的这种语义分类很详尽，但是却存在分类标准不清晰的问题。

第一，如何区分说完整和追问。追问是访谈中记者深入挖掘内容的提问方式。И. М. Кобозева 等认为，说完整类解释言语行为的附加有效条件是：在命题内容上，P 增加了 P′的信息量；在预备条件上，解释者认为 P′中的信息量不足，而且 P′的作者不打算自动说出不足的信息；在本质条件上，该行为是解释者试图提高 P′的信息量参数。所举例子为：— Магнитогорск — закрытый город, въезд иностранцам запрещен. Что КГБ там делать? Ну ничего... — Что же они—придумывали дела？（Кобозева，Лауфер，1994：67）该例的反应话轮是对前一话轮命题内容的质疑，是针对疑点的进一步提问，是一种追问，而非对命题内容的解释。因此，可以把 И. М. Кобозева 等的说完整类解释言语行为看作一种追问，它不属于解释言语行为的范畴。

第二，如何区分概括和压缩、具体化和扩展。И. М. Кобозева 等把概括和具体化归为改变意义型，其附加有效条件是：在命题内容上，P 与 P′处于不同的概念体系层次；在预备条件上，P′的作者所选的话题的层次不适宜当前的交际情景（要么过于具体，需要概括；要么过于抽象，需要具体化）；在真诚条件上，解释者认为，命题 P 位于合适的概念层次；在本质条件上，该行为是解释者试图改善 P′的抽象性/具体性参数。同时，И. М. Кобозева 等把压缩和扩展列入保留意义型，其附加有效条件是：在预备条件上，解释者认为，很明显 P′不满足详细程度的要求（要么不够详细，需要展开；要么过于详细，需要压缩）；在真诚条件上，解释者认为，引入详细的细节（在展开的情况下）或去除多余的细节（在压缩的情况下）可以使 P′作者的话语更加清楚明了；在本质条件上，该行为可看作解释者试图改善 P′的表达方式参数（Кобозева，Лауфер，1994：68 - 69）。笔者发现很难厘清这两对概念，首先，概括是把前述话语中主要的、本质的东西抽取出来，而不应改变前述话语的意义，因此它不应属于意义改变型解释言语行为；其次，具体化解释言语行为可看作追问。

（四）政治访谈中解释言语行为语义类型

根据解释者表达的命题 P 与前述话语命题 P′之间的逻辑语义关系，可以划分出最典型的四种解释言语行为语义类型：指称、同义、压缩、扩展。

1. 指称

指称类解释言语行为的附加有效条件如下。

①命题 P 给 P′增加了新的事实信息。

②命题 P 是 P′中某一成分的所指。

③解释者认为，P′中的信息量明显不足。

④解释者认为，P′的作者不打算主动补充不足信息。

⑤该行为可看作解释者试图提高 P′中的信息量。

例（7）中的 сотрудник МВД 指称 люди, которые ради нас ежедневно рискуют жизнью, 例（8）中的 У себя в Тверской области 指称前一话轮中的 мы。通常情况下，P 指称的是 P′中的人称代词（мы, вы）、不定代词（некоторые）、时间、地点等。

（7）*2009.12.24, НТВ, Первое, «Россия»*

Журналисты：К. Эрнст, О. Добродеев, В. Кулистиков　Гость：Д. Медведев

Кулистиков：Да. В рамках, в рамках той программы, которую Вы намечаете по реформированию МВД, будет ли уделено должное внимание финансированию этой службы? Потому что, конечно, не секрет, что зарплаты <u>людей, которые ради нас ежедневно рискуют жизнью</u>, порой унизительно малы.

Медведев：Вы имеете в виду сотрудников МВД? ▮

Кулистиков：▮　Да. ▮

（8）*2010.08.18, Радио Говорит Москва*

Журналист：А. Дорохов　Гость：Д. Зеленин

Зеленин：На самом деле сейчас <u>мы</u> наблюдаем рост.

Дорохов：<u>У себя в Тверской области</u>?

Зеленин：Да.

2. 同义

同义类解释言语行为的附加有效条件如下。

①命题 P 传达的事实信息与 P′相同。

②解释者认为，很明显 P′作者所选的形式不够清楚。

③解释者认为，他所选的形式 P 比 P′更清楚明了。

④该行为可看作解释者试图改善 P′的表达方式。

P 可以是 P′的同义词或者同义表达结构。如例（9）中 Гозман 认为 вор 和 казнокрад 比 коррупционер 更加准确、易懂。而例（10）中，采访记者用 ухудшение ситуации 代替 репрессия，用 будет 取代了 успеет начать，这种表达结构上的改变使受访政治家的观点更加明朗。

（9）*2010. 09. 27, Русская служба новостей, программа «Позиция»*

Журналист：М. Андреева　*Гость*：Л. Гозман

Андреева：Да, которые ответят на ваш вопрос, коррупционер？ – Да, коррупционер. ▲

Гозман：▼Да, совершенно да. ‖ Коррупционер, т. е. если по-русски говорить — вор или казнокрад, чтобы понятно было. Коррупционер какой-то красивое слово, вроде как и ничего, да？. Это на самом деле вор. Так вор. Если он вор, то его надо судить, да？. И поэтому, мне кажется, важно действительно, будет он отдан под суд, будет расследование проведено？ ‖ Ну. Может быть, я ошибаюсь. Может, он не вор. Может, он не вор, да？

（10）*2011. 01. 16, Радиостанция «Эхо Москвы»*

Журналист：Е. Альбац　*Гость*：Б. Немцов

Альбац：Леонид, пиар-менеджер из Краснодара：«В России явно наметились два тренда. Первый — ужесточение режима, второй — саморазложение системы. Первый ведет к тому, что могут начаться посадки на большие сроки уже в массовом порядке не только Ходорковского и Лебедева, а десятков лидеров оппозиции. В том числе и вас. Второй путь — это смена режима, что раньше произойдет, успеет ли режим начать репрессии, прежде чем развалится?»

Немцов: Успеет начать.

Альбац: То есть, вы полагаете, что будет ухудшение ситуации?

Немцов: Да, успеет начать.

3. 压缩

压缩类解释言语行为的附加有效条件如下。

①命题 P 传达的事实信息与 P′相同。

②解释者认为，很明显 P′过于复杂、烦琐。

③解释者认为，他所选的形式 P 比 P′更简洁。

④该行为可看作解释者试图改善 P′的表达方式。

P′被压缩成 P 的一部分，压缩的方式有简说、概括等。用 P′中的某一简短的形式替代 P′为简说，用逻辑方法把 P′归纳为较简短的表达式为概括（武瑗华，2010：49~53）。在政治访谈中，概括这种压缩方式更为常见，因为采访记者通常在政治家的大段话语之后进行概括，提炼政治家的观点和立场，如例（11）划线处是记者对 Собянин 前述话语的概括。

(11) *2011.09.01, Российский информационный канал «Россия 24»*

Журналист: Д. Щугорев Гость: С. С. Собянин

Собянин: Вообще, в центре сегодня сосредоточено 50, подумайте, 50% всей торговли в Москве, поэтому мы имеем то, что имеем, — и транспортный коллапс, и перегруженность центра Москвы. Поэтому мы изначально сказали, что в центре надо строить по минимуму, лучше вообще ничего не строить, а строить только в случае крайней необходимости либо уже те проекты, которые мы вынуждены продолжать в силу того, что остановить их не можем.

Щугорев: То есть массовой застройки в центре больше не будет?

Собянин: Да, конечно, ее не должно быть.

4. 扩展

扩展类解释言语行为的附加有效条件如下。

①命题 P 传达的事实信息与 P′相同。

②解释者认为，很明显 P′过于简单、模糊。

③解释者认为，他所选的形式 P 比 P′更清楚。

④该行为可看作解释者试图改善 P′的表达方式。

例（12）划线处即是对 не мог 的扩展解释。

(12) *2010.09.27，Русская служба новостей，программа «Позиция»*

Журналист：М. Андреева　Гость：Л. Гозман

Андреева：Вопрос. Он мог это сделать, не с юридической точки зрения, а вот сейчас, учитывая, а — множество различных хитросплетений, учитывая объективную ситуацию? ‖ Он может.

Гозман：‖ Стало быть, не мог, раз не сделал. Стало быть, не мог, раз не сделал. ▲

Андреева：▼Вот видите.

Гозман：Стало быть, не мог. Ну▲

Андреева：▼ Не мог. Значит, какие-то объективные у него обстоятельства есть, по которым он не может.

（五）汉语政治访谈中的解释言语行为

汉语政治访谈中同样也存在解释言语行为。但是应注意到，解释言语行为所依托的对话结构：解释言语行为一般由始发话轮引发，作为应答话轮出现，同时又作为刺激话轮要求听话者对该话轮做出回应，也就是说该类行为所依托的对话结构应该是至少由三个话轮构成的复合型问答对（引语类解释言语行为除外）。第三章指出，与俄语政治访谈相比，汉语政治访谈中复合型问答对的使用率较低，这也就造成了汉语政治访谈中解释言语行为较低的使用频率。但应该指出，上文对俄语言语行为话语标记的分类以及典型的语义分类具有普遍性的特点，这种分类同样适用于汉语。汉语政治访谈解释言语行为中常用的话语标记为"就是""（也）就是说""应该说"等，如例（13）。

（13）主持人：其实我知道张书记呢是我们中国网络电视台的老朋友了，去年就做客我们演播室哈，我记得您去年来的时候曾经郑重承诺，说天门市呢要继续为老百姓办好十件实事，比如说其中就有这个小街小巷的硬化工程，当时您也承诺说要去硬化城区的小街小巷18条。那么一年过去了，这十件实事落实了没有呢？

张爱国：在这里我也可以欣慰地告诉大家，我们去年为市政府承诺的十件事情都已经圆满地完成，比如说我们投资了500多万修通了老城区的18条小街小巷的泥巴路，#解决了城区老百姓出行难的问题，同时我们还在城市全市扩大了农民的养老保险试点，推进医疗卫生体制改革，进一步改善农村教育的这个教学生产条件，解决农民的安全饮水问题，等等，等等。所以十个方面，那么在今年我们刚刚结束的两会上，我们也向天门全市人民正式地做了一个报告，给⊥可以这样说吧，给全市人民了一个满意的交代。

主持人：也就是说一年之后您可以在中国网络电视台，郑重地向所有的网友朋友们来发布一下就是您已经兑现了这个承诺，对不对？

张爱国：应该是这样，所以今天很高兴呢，中国网络电视台又再次能再参加这个在线访谈。也借这个机会我向广大的网友也算是一个报告。（2011.03.09《代表委员面对面》）

（六）解释言语行为的语用功能

Austin（1962）曾在言语行为理论中强调，言有所为为所要实施的功能使然。尽管政治访谈中的解释言语行为都符合有效条件，也就是说，对于解释者来说"P'为真不明显、不确定"是主要动机，他试图从谈话对方那里得到求证，所有的解释行为都可被视为解释者试图改善P'的表达方式。但在实际话语中，解释言语行为的语用功能却不尽相同。解释者实施解释言语行为还可有以下动机。

第一，话题聚焦：尽管政治家的话语的命题内容很清楚，对听（观）众来说不一定存在理解问题，但命题内容涉及本次访谈的主题或为听众所关注的问题，如例（14）访谈的标题为《多党合作不断地走向制度化、规范化和程序化》，因此主持人将话题聚焦到民革的地位（作为中国的参政党）。

（14）主持人：周主席，咱们的话题先从民革开始。好多的网友对民革的历史、现状不是很了解，他们还有人问，跟历史上的国民党有什么样的关系，您能给大家解答一下吗？

周铁农：……有一次我曾经接受台湾一个媒体的采访，他问，他说你们大陆的民革和台湾的国民党有没有可能将来有一天能走到一起来？我说呢，这个从现在的情况来看，它原来尽管有一些历史渊源，但是现在的性质已经完全不一样了。那么国民党呢，它现在是在台湾的政党制度下的一个政党，那么民革呢，是在大陆的政党制度下的一个参政党。我们民革呢在章程当中已经明确宣布，我们接受中国共产党的领导。那么将来有没有可能这两个党合起来呢？那就看将来台湾的国民党的走向，如果它将来有一天拥护社会主义、拥护共产党的领导，我们就有可能合在一起。＊＊＊

主持人：<u>作为中国的参政党</u>。

周铁农：对。（2009.01.01 人民网《强国论坛》）

第二，话语衔接：尽管政治家的话语的命题内容很清楚，对听（观）众来说不一定存在理解问题，但记者要推进访谈，将话语延续下去，使谈话不至于中断，如例（12）。

Гозман: Стало быть, не мог, раз не сделал. Стало быть, не мог, раз не сделал. ▲

Андреева: ▼Вот видите.

Гозман: Стало быть, не мог. Ну▲

Андреева: ▼ Не мог. <u>Значит, какие-то объективные у него</u>

обстоятельства есть, по которым он не может.

第三，人际功能：被解释的话语内容很清楚，对听（观）众来说不一定存在理解问题，实施解释言语行为是为了调节谈话气氛，换一种互动方式，甚至出于恭维对方的间接目的。如例（15）。

（15）主持人：网友在问您说，作为工科出身的科技部长，您会不会在工作中忽视农村科技工作？特别是地方的县级的科技工作。

万钢：我想跟这位网友说，你还有一个生产队长出身的科技部长。这个，真的说，从我的人生过程当中，将近七年的下乡的过程对我说起来是刻骨铭心的，对我说起来也是锻炼，所以农业的工作，不光是国家的要求、国务院的要求，也是我本身自发的需求。农业科技工作，一要抓研究，二要抓推广，特别要在推广上面下力气。这个从研究的角度上说起来，推广新品种，国家有重大专项，这个科技部有农业丰产工程。这个我去年去了三四次，出差的时候都有机会到农村看一看，万亩的方田，这个水稻，不是玉米、小麦两茬，能够生产到1300多公斤，这是我当农民时根本就是连做梦都做不到的。这对我说起来十分兴奋，那天晚上我回来都失眠了，***非常高兴。粮食丰产工程在12个重点省市主产区这个实施以来增产3600多万吨。这个还有一个农业技术的推广，这里面农村科技特派员这个到农村去帮助农民解决一些实际问题。农技这个"110"，在全国范围内的"12396"，农民可以在碰到农资、碰到良种、碰到耕作、碰到收购问题的时候可以去打电话咨询。还有一个农村信息化，这个我们一些农村信息员帮助农民这个销售，所以农业科技啊，要抓好研究的这块，同时还要往外推广。

主持人：<u>其实您还是这个非常关心农村科技。</u>

万钢：而且农村科技的投入还是不少的。（2009.03.09 人民网《强国论坛》）

二 言语攻击

作为心理学、社会学、政治学等学科的研究对象，攻击较早地受到了学者们的关注。受人类中心范式的影响，20世纪90年代攻击逐渐进入了俄罗斯语言学家的研究视野，相继出现了许多研究成果。言语攻击的概念逐渐确立并成为一个多学科交叉性研究的语言现象，但俄罗斯语言学家们迄今为止还未就言语攻击的一些基本问题达成一致看法。

首先，在对言语攻击的概念界定方面存在狭义和广义两种观点。狭义观点认为，言语攻击是一种目的明确的言语行为，它的目的就是使攻击对象受到损失。如《俄语言语文化词典》将其定义为："речевая （языковая，вербальная）агрессия 是旨在侮辱或蓄意使他人、团体、组织或者整个社会受到损失的言语行为的形式。"（Иванова，2003：562）Е. И. Шейгал 认为，政治话语中的言语攻击是旨在损害政治反对派利益的言语行为和交际话步。言语攻击行为的目的是对行为客体的负面评价，属于面子威胁类取效行为（Шейгал，2004：230）。广义观点则并不强调言语攻击的目的明确性，认为，言语攻击还包括了说话人未意识到的言语攻击。В. Ю. Апресян 把说话人通过语言手段所表现出的对受话人的负面或批评态度都视为语言攻击（языковая агрессия）（Апресян，2003：32-35）。Ю. В. Щербинина 认为，"вербальная （речевая，словесная）агрессия 是指用一种在当前言语情景下不可接受的语言表达形式表达负面感觉、情感、意图"（Щербинина，2008：15）。

其次，俄罗斯学者研究言语攻击时，运用了不同的术语表达方式，如 вербальная агрессия、речевая агрессия、языковая агрессия、словесная агрессия。有些学者认为这些术语表达方式只是在表述上有所差异，但所指相同，可以相互替换。Ю. В. Щербинина 指出，речевая агрессия 和 вербальная агрессия（лат. invectiva oratio）指的是同一个现象，是为了避免同语反复而使用的俄语和拉丁语两种说法。《俄语言语文化词典》对该概念进行界定时也采用了相同的观点。但是还有一些学者认为应该区分这些概念，如 Р. Х. Хайруллина 认为，攻击在语言和言语中的表达方式不同，所以应该区分语言攻击（языковая агрессия）和言语攻击（речевая агрессия）："如果在言语中首先是发音和副语言手段，以及整个的言语情景，那么在语言中则是该语言的词汇和语法体系中固定的词汇语法手段。"（Хайруллина，2010）

言语攻击不仅具有不同的民族文化特点，而且在不同的言语情景中（日常话语、教育话语、政治话语等）也具有不同的特点。政治话语的目的是争夺和维护政治权利，因此政治交际不可避免地与各种攻击现象联系在一起，言语攻击也不可避免地进入了政治话语研究者的视野。

政治攻击的特点首先表现为攻击对象的选择，在言语交际中表现为角色关系。Е. И. Шейгал 将角色关系分为几类：（1）对交谈者的直接攻击；（2）对具体的第三方的攻击；（3）对一定的泛指对象（集合主体）的攻击；（4）对模糊的第三方的攻击；（5）不是对政治主体，而是对其活动和活动结果的攻击（Шейгал，2004）。Е. И. Шейгал 区分的第五类不十分妥当，因为对第三方活动和活动结果的攻击也就是对第三方的攻击。

攻击是政治话语分化功能的体现，"攻击和评价一样，已成为政治话语不可分割的一个特点"（Шейгал，2004）。Е. И. Шейгал 认为，政治话语中言语攻击的主要手段是詈骂语（бранная лексика）、嘲讽的称名（иронические номинации）、异己标记（маркеры чуждости）和标签（ярлыки），并指出后两种言语攻击手段是政治话语的原型（Шейгал，2004）。А. П. Чудинов 指出，政治交际的攻击性会随着社会的紧张局势（如选举、全民公决等）而发生相应的变化。他还总结出当代俄罗斯政治交际中攻击性的主要表现形式。（1）呼吁身体攻击和把政治行为隐喻为身体攻击；（2）辱骂（骂人的话、侮辱）；（3）用粗鲁的、嘲讽的、语义双关的形式负面评价政治反对派、社会团体、政治机构等；（4）使用特殊的符号，如异己标记、降低意义的标记，表达对反对派的诚信及其见解的不信任；（5）激起惊慌、不信任、个人对国家和社会过分依赖的感觉、对国家现状的不满、面对未来的恐惧；(6) 非言语符号形式，如语调、表情和手势（Чудинов，2007：65 - 70）。

（一）言语攻击的意向性

根据对政治访谈中言语攻击的研究，可以认为，言语攻击最大的特点是鲜明的意向性。

言语攻击是不符合社会规约的、不礼貌的言语行为，它违背了 Grice 的合作原则以及利奇的礼貌原则。言语攻击又称为冒犯性言语行为，"所谓冒犯性言语行为是指说话人的言语有意或无意中对听话人的人格、威望、名誉、观点、利益等实施了威胁、贬损或侵犯的行为"（申智奇，2010：79）。如果将冒犯与攻击视为同一种意向，则可以同意这一观点，即说话人通过言语实施的，旨在威胁、贬损或侵犯对方的人格、名誉、威望、利益、观点等的意向行为。但对无意冒犯，则可以持保留态度并认为，言语攻击的首要特点体现在其意向性，即以伤害攻击对象为目的。不是以伤害攻击对象为目的的、无意中冒犯对方的行为属于交际失败（коммуникативные неудачи）。例如：

主持人倪萍：我们是你的粉丝……你知道什么是粉丝吗？

张瑞芳（不客气地）：我感觉你跟我说话的语气，好像我是个白痴。（申智奇，2010）

主持人倪萍实施提问言语行为（"你知道什么是粉丝吗？"），预设不当对嘉宾造成了无意的冒犯，因此，这里应当看作由说话人预设不当引起的交际失败，而不是冒犯性言语行为。

对政治访谈实际语料的观察表明，攻击不是一个独立的言语行为，而是一种以贬损攻击对象为目标的交际意向。这种意向客观上会影响对方的自尊，不符合礼貌原则和其他社会交往的规则，即不符合 Searle 所说的言语行为的调节规则，因此，它同威胁、抱怨一样，语旨具有自毁性（иллокутивное самоубийство），即不可能有"我攻击你"这样的施为结构，也不可能形成固定的语旨表达结构或语力显示手段。不合作的交际意向不可能与交际对象达成以互知、互信为基础的言语行为的有效条件。攻击行为不以遵守交际规则（言语行为的构成规则）为前提，也不以交际的有效性为目的。本书把言语攻击界定为：一种以贬损攻击对象为目标的、以语用逻辑为基础的冲突型言语互动。

（二）言语攻击的语用

人类交际行为的根本特征是其意向性，无论是合作型还是冲突型言语互动，其目的都是为了传递和理解交际意向。意向性最终是语言的，是语用层面上的语言属性（冉永平、张继红，2007：68）。

俄罗斯学者对言语攻击的研究分为三类：一是以言语体裁为基础（Ю. В. Щербинина）；二是以意向动词的语义为基础（М. Я. Гловинская）；三是元语言研究（А. Вежбицкая）。如 Ю. В. Щербинина 总结出 12 种攻击言语体裁：侮辱（оскорбление）、威胁（угроза）、粗暴的要求（грубое требование）、粗暴的拒绝（грубый отказ）、有敌意的评论（враждебное замечание）、指责（порицание，упрек，обвинение）、嘲笑（讽刺语）[насмешка（колкость）]、抱怨（жалоба）、告密及诽谤（донос и клевета）、诽谤（клевета）、散布谣言（сплетня）、争吵（ссора）。国内学者申智奇（2010）把汉语中冒犯性言语行为分为两类：辱骂、讽刺、戏谑等；抱怨、质疑（不认同）、提问等，以及打断、纠正等可能产生冒犯后果的言语行为。

由于言语攻击不是具体的言语行为，不具有固定的语旨表达结构或语力显示手段，笔者对言语攻击的意向分析以俄罗斯学者对意向动词的语义研究和评价类语言手段的意义研究为基础。这也符合 Searle 的观点："一般来说，通过说出句子所实施的言语行为就是句子意义的功能。……句子意义的研究和言语行为的研究原则上没有区别。"（Searle，1969：412）

1. 言语攻击的角色关系

政治访谈中言语攻击的语用特点在很大程度上取决于角色关系。言语攻击较多地出现在政治访谈的反应话轮中，即政治家的回答话轮中。政治家是言语攻击的主要施事者。在大众传媒机构语境中，政治访谈的目标受众是广大的听（观）众，但政治家在访谈交际中实施言语攻击的对象并不是记者和听（观）众，而是政敌。政治家表达自己对政敌的负面态度，其目的是希望广大的听（观）众能认识到攻击对象的负面信息，从而达到降低对方威信、提升自我形象、赢得更多选民支持，最后获得政治权利的目的。政治家的交际目的一方面要求他攻击政治反对派，揭露其如何蛊惑民心；另一方面，出于塑造所代表的政党或机构形象的考虑，政治家须谨慎措辞，其言语攻击要有一定的策略性。

采访记者实施言语攻击的目的更多的是出于修辞考虑，使听（观）众能更全面、更深入地了解政治家。听（观）众实施言语攻击的目的是表达不满情绪，同时希望攻击对象能够认识到自己的政治失误。

可以把俄语政治访谈中言语攻击的角色关系概括为六种。（见表4-1）

表4-1 俄语政治访谈中言语攻击的角色关系

序号	攻击者	攻击对象	使用情况
1	记者	政治家	较少
2	政治家	记者	较少
3	政治家	同利益集团	极少
4	政治家	政治反对派个人	较多
5	政治家	政治反对派集团	较多
6	听（观）众	政治家	较少

资料来源：作者整理。

第一，政治家攻击政治反对派个人［如例（19）］和政治反对派集团［如例（20）］的使用情况最普遍，这体现了政治话语的分化功能，即在争夺和维持政治权利目的的驱动下政治家排除和攻击异己的功能。

第二，记者攻击政治家、政治家攻击记者的情况较少发生。受大众传媒机构语境的制约，在访谈交际过程中记者的职责是提问，且应尽量保持中立立场，因此，记者在提问语言行为中攻击政治家的情况较少发生，但偶尔也会出现。而政治家攻击记者的情况也很少发生，多数情况下是针对记者攻击的一种回应性攻击。

（16）*1993. 08. 28，Радио Свобода，программа «Лицом к лицу»*

Журналисты：М. Дейч，Д. Мажелова，Л. Колодный　Гость：Ю. Лужков

Дейч：Юрий Михайлович, я коренной москвич, и у меня такое впечатление, что ① за последние годы（может быть, это ложное впечатление）совершенно прекращено жилищное строительство – главная, насущная проблема для многомиллионного города, тем более такого, как Москва. Всегда в Москве не хватало жилой площади, всегда были многотысячные очереди первоочередников, скажем так, и не только первоочередников жилья. У меня такое впечатление, что жилищное строительство практически законсервировано. Это, может быть, не так？

Лужков：② Абсолютно не так. То есть вы ошибаетесь, грубо ошибаетесь. Я вам могу сказать, что последние три года мы ежегодно вводим по 3 миллиона квадратных метров жилья. Это московское жилье. ▲

Дейч：▼③Извините. Это то жилье, которое предназначено для москвичей, что называется, просто очередников？ Или это **жилье, которое вы продаете коммерческим структурам, которые потом взвинчивают цены безумно, продают их уже называется миллионерам, у которых и так есть жилье**？

Лужков: У нас объявлено, и москвичи об этом знают, из 3 миллионов...

例（16）包含了三个攻击对象：①处是记者对莫斯科市市长 Лужков 的攻击，指出"近几年莫斯科的住房建设几乎完全停滞"；②处是 Лужков 的回应攻击，指出"记者犯了一个粗鲁的错误（грубо ошибаетесь）"；③处记者将 Лужков 打断，通过运用一个提问间接言语行为实施言语攻击，意在指出"Лужков 将住房卖给商业机构，而商业机构疯狂提价，卖给那些本身就有住房的百万富翁"。

第三，政治家对同利益集团的言语攻击非常少发生，但是在15篇俄语政治访谈语料中有这样一例。

（17）*2010. 09. 19，Радио Свобода，программа «Лицом к лицу»*

Журналисты: Д. Гальперович, Р. Маньюэко, П. Орехин Гости: В. Новиков

Новиков: Да. Но на самом деле, засуха, по крайней мере, по результатам последнего заседания, значит Совета, который проводил Медведев, как-то, кстати, <u>мне кстати</u> **не очень понравилось**, общее мнение было такое: «что Засуха – да это так, очень быстро преодолеваемый и так далее». Хотя мне кажется, что это **слишком самоуверенное** <u>отношение</u> все-таки. Засуха свое влияние окажет, безусловно.

В. Новиков 属于统一俄罗斯党，即政权党、亲总统党，但却公开表示"不喜欢 Д. А. Медведев 的这种态度"，指责其"对于干旱问题过于自信"。

第四，听（观）众对政治家实施的言语攻击也很少发生。根据访谈栏目的具体安排，有时听（观）众会参与访谈交际，如例（18），听众针对莫斯科多莫杰多沃机场的爆炸袭击事件，实施了嘲讽类攻击性言语行为："他们（指总统和总理）只有小学三年级的教育水平吗？"

（18） *2011.01.25，Русская служба новостей，программа «Позиция».*

Журналист：О. Гречанюк　Гость：Г. Гудков

Слушатель：Знаете, что я хотел бы по этому поводу однозначно сказать, это я не вижу однозначно бега именно в его концепте, во-первых. Непосредственно и как государственный институт Государственная дума повинна в этом теракте. Как президент и премьер-министр, они создали концепцию именно политического управления, где теракты есть продолжение их политики. Это надо жестко и четко понимать. <u>Я не понимаю,</u> **они что сидят с 3 – мя классами образования？Они этого не видят？**

2. 言语攻击的意向行为

Е. И. Шейгал 从政治语言学的角度出发，把言语攻击分为三种：显现型、操纵型和含蓄型（Шейгал，2004：231）。政治访谈中政治家使用詈骂语等直接攻击的方式较少见，多以含蓄型攻击为主（如指责类、抱怨类和嘲讽类），也就是说，政治访谈中的攻击意向主要体现为各类间接言语行为。它们属于 Searle 区分出的五类施事行为（断言行为、指令行为、承诺行为、表态行为和宣告行为）中的断言行为和承诺行为（索振羽，2000：171~175）。前者包括指责类、抱怨类及嘲讽类；后者主要体现为威胁类言语行为。就言语攻击行为的语力而言，威胁类最强，抱怨类最弱。

第一，指责。指责类言语攻击是俄语政治访谈中最常见的语义类型。М. Я. Гловинская 区分出指责类动词的四种交际动机。①X 为了发泄负面情感，可能做出令 Y 不愉快的事。②X 希望 Y 改正，希望 Y 明白，他做得不对，以后会按照 X 期望的那样做。③X 以破坏 Y 的声誉为目的，向第三方或者听（观）众公开对 Y 负面评价。④非特殊的动机，X 只是通告受话人自己对 Y 的行为或特点的负面评价，受话人与指责对象是同一个人（Гловинская，1993：196 – 197）。指责类言语攻击的动机主要以第三种，即以破坏被指责者的声誉为目的。其命题内容包含对交际对象的人格、名誉、威望、利益、观点等方面的不满、不赞同。

在例（19）中说话人表达了对 Д. А. Медведев 在处置 Ю. М. Лужков 一事的方式上及时间上的不满。该应答话轮中运用了 не должен（不应该）句型，表达了说话人的主观情态。

（19）*2010. 09. 27, Русская служба новостей, программа «Позиция»*

Журналист: М. Андреева　Гость: Л. Гозман

Гозман: Вы понимаете, в чем дело. Они, они чего.. Вообще, кампания позорна, как мне кажется. Не потому что она неправду говорит, она правду говорит, конечно, правду. Как мне кажется, то, что говорят о Юрии Михайловиче сейчас в эфире, это правда. По крайней мере, мы это говорим уже полтора года, «Право дело», ровно то, что сейчас идет в эфире. <u>А—думаю, что позорна она вот почему. Потому что, мне кажется, что президент страны **не должен** использовать для решения политических проблем такой наезд в сфере средств массовой информации.</u> У президента есть такой инструмент, называется «авторучка». Он этим инструментом, авторучкой, может подписать указ. У него власть в руках, у него в руках власть. <u>Он давным-давно, по-моему, **должен** был уволить Юрия Михайловичуза утрату доверия.</u>

第二，抱怨。A. Вежбицкая（1997：99 – 111）在自然语义元语言理论框架内，把抱怨分为两类，并分别进行描述。

抱怨1：

我说：我发生了不好的事；

我由于这个原因感觉不好；

我说这些，是因为希望你能同情我。

第四章 政治访谈的意向分析

抱怨 2：

我说：由于 XX 的过错，我发生了不好的事；

我由于这个原因感觉不好；

我说这些，是因为希望让你对 XX 做一些不好的事。

А. Вежбицкая 描述的抱怨 2 属于言语攻击：抱怨言语行为的主体是受害者形象，其意向为指出 XX 的过错，同时希望受话人做对 XX 不利的事情。

（20）*2010. 10. 08，Радио Свобода，программа «Лицом к лицу»*

Журналисты：*Л. Телень，Ф. Лавуа，Е. Квитко*　*Гость*：*С. М. Миронов*

Миронов：Есть закон о равном доступе к средствам массовой информации. По закону только ГТРК «Россия», то есть радио и телевидение выполняют эту обязанность, а остальные все свободны, они могут кого-то показывать, кого-то не показывать. У нас ГТРК — это «Радио России», это «Вести 24» и первая кнопка «Россия 1». «Вести 24» смотрит на порядок меньше аудитория. По каждому месяцу до секунды будет：«Единая Россия» — 1 час 58 минут；«Справедливая Россия» — 1 час 57 минут 59 секунд. <u>Но о нас покажут сюжет в полночь по «Вести 24», а «Единую Россию» покажут в 2 часа дня, в 5 часов вечера и в 8 часов вечера — в прайм-тайм. То есть формально все соблюдено, а по сути — издевательство, потому что «Единой России» дают в прайм-тайм и на главном канале, а нам дают там, где людей меньше смотрит, в ночное время и на «Вести 24». А у «Единой России» есть рычаги, потому что все бюрократы, все чиновники, как правило, члены «Единой России», в том числе...</u>

例（20）是 Миронов 的抱怨：法律规定，Справедливая Россия 和 Единая Россия 有平等的国家电视广播公司（ГТРК）的准入权，然而关

于 Единая Россия 的报道都是在收视率高的黄金时段播出，而关于 Справедливая Россия 的报道则被安排在收视率低的半夜时段，因此存在形式上平等而实际上不平等的现象。Миронов 的抱怨旨在攻击 «Единая Россия» 不遵守法律，操控大众传媒，同时希望听众认清 «Единая Россия» 的这一卑鄙行径。

第三，威胁。А. Вежбицкая 在自然语义元语言理论框架内，对威胁进行描述："我说：我想让你知道，如果你做了 X，那么我将对你做不好的事情。我想，你不想我这么做。我说这些，是因为想让你不要做 X。"（Вежбицкая，1997：99–111）Т. И. Стексова 区分出威胁的主要语义结构成分。①说话人是威胁者，受话人是受威胁的人；威胁的内容：在受话人实施或不实施某一行为的情况下，说话人的行为将被实施。②可能的假设结果。③实现威胁的手段可能与说话人的行为相吻合或不吻合（Стексова，1997：6–7）。这种对威胁类言语行为的描述并不全面，如例（21）。

(21) *2011.01.16, радиостанция «Эхо Москвы».*

Журналист：Е. Альбац　*Гость*：Б. Немцов

Альбац：Поддан вопрос от врача Александра Малинина из Санкт-Петербурга：«Ваш первый указ, который вы подпишите, когда станете президентом РФ?» — мне нравится постановка вопроса.

Немцов：Отставка В. Путина и расследование его деятельности.

如果把例（21）的答话补充完整：Если（Когда）я стану президентом РФ, то мой первый указ является отставкой В. Путина и расследованием его деятельности, 可以看出该例与上述 А. Вежбицкая 及 Т. И. Стексова 观点的差异：这里的命题内容是①"如果说话人……，说话人将对受话人做不好的事情"，而不是②"如果受话人……，说话人将对受话人做不好的事情"，也就是行使该行为的条件不同，但是①也可以构成威胁类言语攻击。

第四章 政治访谈的意向分析

М. Я. Гловинская 把威胁描述为：①X 对 Y 说，X 将行使对 Y 不好的行为 P；②X 这么做的目的是希望 Y 害怕 X 做 P。这种解释涵盖了威胁的所有类型：以迫使受话人采取某种行为为目的的威胁；指向受话人已完成的某一行为的威胁；与受话人行为没有任何关系，比如由说话人的攻击性引起的威胁（Гловинская，1993：187）。М. Я. Гловинская 的这种观点比较全面。政治访谈中的威胁主要指向威胁对象曾做过的、在说话人看来不好的行为。如例（22）中 Миронов 对统一俄罗斯党实施了威胁类言语攻击。划线处①是统一俄罗斯党不正确的做法，即"不应该根据自己、根据当时的政治形势编撰法规，如在法律中规定，只有获胜党才能推举州长职务的人选"。划线处②是一处威胁类言语攻击，即"我们很快获胜以后，我们将利用这些法规，你们将后悔莫及"。划线处③也是一处威胁类言语攻击，即"当我们很快获胜以后，我们将利用这些法规，而统一俄罗斯党则将是自己挖坑往里跳"。

（22）*2010. 10. 08，Радио Свобода, программа «Лицом к лицу»*

Журналисты：Л. Телень, Ф. Лавуа, Е. Квитко　*Гость*：С. М. Миронов

Миронов：Кстати, я господам из «Единой России» говорю: «У меня большой опыт парламентской работы, законодателя, я давным-давно уже обжегся на том, что①<u>нельзя писать законы под себя и под нынешнюю политическую конъюнктуру</u>». Вот они, например, прописали закон, что победившая партия вносит кандидатуры на пост губернаторов, и только они. Я говорю: ②<u>«Зря вы это сделали. Потому что скоро начнем мы побеждать, а вы будете локти кусать. Но закон вы написали, и я буду пользоваться вашим законом»</u>. А если бы написали, что кандидатов в губернаторы может вносить либо партия победившая, либо коалиция партий, набравших большинство, и тогда мы бы увидели, что меньшинство уже у «Единой России», большинство у трех партий, допустим, наша, КПРФ и ЛДПР, мы бы сели, договорились и какие-то согласованные кандидатуры на пост губернаторов внесли президенту. Это было бы уже более демократично. А сейчас этого нет. ③<u>Но когда мы начнем выигрывать, а мы начнем выигрывать очень скоро, мы с удовольствием будем пользоваться этой нормой закона. А «Единая Россия» тогда уж пускай не обессудит, потому что не рой другому яму – сам в нее попадешь.</u>

第四，嘲讽。Ю. В. Щербинина 把嘲讽（насмешка）言语体裁定义为"由说话人想对交谈者表达不愉快的、使其发笑的意图引起的令人难堪的笑话、尖刻的批评"（Щербинина，2008：15）。О. С. Иссерс 指出，嘲讽是实施破坏威信战略中最鲜明的策略，即在笑中降低反对派的权威（Иссерс，2003：161）。

嘲讽的语义结构中必须含有夸大、荒谬及隐含的成分。如例（23）（24）。

(23) *2010.10.08, Радио Свобода, программа «Лицом к лицу»*

Журналисты：Л. Телень, Ф. Лавуа, Е. Квитко Гость：С. М. Миронов

Миронов：Знаете, что с моей точки зрения, я поставил такой довольно объективный анализ：Юрий Михайлович Лужков, к сожалению, в последние годы утратил чувство реальности. Ведь смотрите что получается парадокс：они сами задают себе планку там на выборах для «Единой России», сами, простите, разными методами, иногда законными, иногда не очень, мягко говоря, надувают эту планку, а когда получают результат — искренне начинают верить, что их так любят, их так уважают, ценят, что народ голосует за них. Это очень страшно. И я просто вижу, что там была потеря реальности, потому что <u>на **голубом глазу**: и от его **художественного вкуса** все в **восхищении**, и все, что ни сделает, — только **«ура! ура!»** и **бурные аплодисменты**</u>. Это абсолютная потеря реальности.

(24) *2010. 12. 23, Радио Маяка, Шоу «Танцы с волками»*

Журналист: И. Ружейников, С. МинаевГость: В. В. Жириновский

Жириновский: <u>Что Батурина, что какой-то Билл Гейтс, какой-то Перельман? *** Ткачев — вот помещик.</u> И он и коммунист, он и единоросс.

例（23）的划线处意为"在卢日科夫美妙的眼中，凭借其艺术品位，所有他做的事都在一片赞誉声中，全是'乌拉！乌拉！'和雷鸣般的掌声"。Миронов 运用了 голубой глаз、художественный вкус、восхищение、ура! ура!、бурные аплодисменты 等词语，讽刺 Лужков 陷入迷失于现实、自我陶醉的境况，对 Лужков 进行攻击。在例（24）中 Жириновский 在谈到 Ткачев 非法敛财时说到"什么巴图林娜①""什么比尔·盖茨""什么佩雷尔曼②"，意在攻击 Ткачев 非法敛取财产数量之大。在例（24）中出现了笑声标记"***"，说明该嘲讽类言语攻击达到了一定的取效结果。

第五，贴标签。"我们认为，贴标签是言语攻击更'文明的'形式，同时也是政治话语特有的攻击类型。Р. Г. Апресян 指出，贴标签就是社会文化差异的标记，是对异类不可容忍的表现（Апресян, 1997）。"（Шейгал, 2004：122）社会学和心理学把贴标签看作社会越轨（социальная девиация）过程的一个阶段。标签具有意识形态性、

---

① 莫斯科市前市长卢日科夫的妻子。
② 俄罗斯著名数学家，证明了法国数学家庞加莱提出的难题——庞加莱猜想，曾拒绝美国克莱数学研究所因他证明了庞加莱猜想而颁发给他的 100 万美元奖金。

主观性和偏见性。标签的本质体现在其控诉的指向性（обвинительная направленность）：成为标签以后，该词的使用与其说是作为对所指的界定及对其的归类，不如说是对社会危害特征的控诉（Шейгал，2004：122 - 123）。贴标签是政治话语的典型特征，本书把通过运用具有否定政治寓意色彩的词语指称事物的手段称为贴标签。

贴标签言语行为离不开具有标签意义的政治术语，它们往往是政治党派及政治运动的名称，如在例（25）、例（26）及例（27）中的консерватизм（保守主义）、консервация（暂停）、американскую модель либеральную（美国的自由主义模式）和 диктаторы（独裁者）。

(25) *2010. 10. 08，Радио Свобода，программа «Лицом к лицу»*

Журналисты：Л. Телень，Ф. Лавуа，Е. Квитко　Гость：С. М. Миронов

Миронов：Почему они взяли идеологию **консерватизма**? Мне всё понятно. А что такое **консервация**? Это сохранить себя, прежде всего, во власти, сохранить нынешнюю ситуацию, чтобы ничего не менялось.

(26) *2006. 10. 16，Радио Маяк，программа «Панорама»*

Журналист：Людмила Маликова　Гость：Г. А. Зюганов

Зюганов：А нынешняя «Единая Россия» она взяла **американскую модель либеральную**, распродает все налево и направо, почти ничего не строит, за пять лет ни одного современного завода не построено.

(27) *2011. 01. 16，радиостанция «Эхо Москвы»*

Журналист：Е. Альбац　Гость：Б. Немцов

Немцов：Я, кстати считаю, что вот этот абсолютно кошмарный пример Лукашенко воодушевил Путина, который ненавидит Лукашенко—**диктаторы** вообще всегда друг друга ненавидят.

另外，政治家的名字在一定的语境下也可以用作政治标签。如在例（28）中 сурковские 是政治家 В. Ю. Сурков 姓氏的派生形容词，путинско-сурковское 是政治家 В. В. Путин 和 В. Ю. Сурков 姓氏的派生形容词。这里 В. В. Путин 和 В. Ю. Сурков 不仅具有指称意义，在 Немцов 看来，政治反对派的名字还具有"危害社会"的伴随意义，因此 Путин 和 Сурков 成为 Немцов 攻击青年运动"Наши"时运用的政治标签。

(28) *2011. 01. 16, радиостанция «Эхо Москвы».*

Журналист：Е. Альбац　Гость：Б. Немцов

Немцов：Тем не менее, есть целая плеяда людей, их десятки тысяч — это так называемые «нашисты», таким многочисленные **сурковские** организации, которые воспитаны в идеях провокаций, цинизма, подлости, свинства, гадости, и так далее—это такое потерянное новое **путинско-сурковское** поколение. Они его развратили, они его сломали, они его уничтожили, и с этим поколением у России никакого будущего нет. Вы знаете, получается так, что у нас новое поколение — это либо там «фашисты», либо «нашисты».

在例（29）中 Квачковы 是 В. В. Квачков 姓氏的复数形式，此处 Квачковы 实际上指具有与 В. В. Квачков 相同特征的官员，因此 Квачков 被用作政治标签，用以攻击与 В. В. Квачков 一样参与刑事案件的官员。

(29) *2010. 12. 23, Радио Маяка, Шоу «Танцы с волками»*

Журналист： И. Ружейников, С. Минаев　Гость： В. В. Жириновский

Жириновский：То есть, обязательно мы к этому потихонечку придем. Все делается медленно, потому что слишком много проблем в стране. Понимаете? Из-за этого стараются делать медленно. Вот почему губернаторов не убирают сейчас? Человек 10 – 15 можно было бы убрать. Они объединились с криминалом, уже объединились, находясь у власти. Левые их поддержат. **Квачковы** есть в каждом регионе.

第六，反问。反问句在一定的语境下可以成为言语攻击的手段。如在例（30）中使用了三个反问句，用以攻击政府、执政党的"不作为"。

(30) *2006. 10. 16, Радио Маяк, программа «Панорама»*

Журналист: Людмила Маликова Гость: Г. А. Зюганов

Зюганов: Главное — наука, научно-технический прогресс и многое остальное. В этой связи надо брать все новое и лучшее, что есть и в Европе, и в Америке, и где угодно. ①<u>Почему мы завалили Дальний Восток иностранными автомобилями потрепанными, поношенными?</u> ②<u>Почему мы за 10 лет не построили там современный завод вместе с корейцами и японцами и не завалили своими прекрасными машинами, которые на треть будут дешевле?</u> Сталин вместе с Фордом построил в Горьком завод ГАЗ за 18 месяцев, 30 цехов, и этот завод нас в войну спас. Это касается и сталинградского тракторного, и харьковского, и многих других. ③<u>Почему сейчас ни одного за пять лет, хотя у Кудрина там денег три мешка под задом?!</u>

第七，主观评价。政治访谈中言语攻击的命题内容常常包含对客体的否定评价。否定评价的语言手段具有鲜明的情感表现力色彩，语义上属于主观评价范畴。如在例（31）中的 жульничество（诈骗）、цинизм（恬不知耻）、маразм（荒谬的行为）及在例（32）中的 эпатаж（不体面的行为）、хамство（蛮横无理）和 проделки（应受指责的勾当）。

(31) *2006. 10. 16, Радио Маяк, программа «Панорама»*

第四章 政治访谈的意向分析

Журналист: *Людмила Маликова*　　*Гость*: *Г. А. Зюганов*

Зюганов: Стопроцентное **жульничество**, **потрясающее по своему цинизму и маразму**, собственно говоря.

(32) *2006. 10. 16*, *Радио Маяк*, *программа «Панорама»*

Журналист: *Людмила Маликова*　　*Гость*: *Г. А. Зюганов*

Зюганов: А для того, чтобы удержаться на выборах у власти, одна подпорка у партии власти —Жириновский с его **эпатажеми хамством**, а другую в лице Миронова выстраивают, которого выпустили на левое поле, хотя он всю жизнь голосовал и сам лично за последние **проделки** «Единой России».

第八，隐喻。政治访谈中政治家经常使用各种隐喻进行攻击。隐喻的作用在于，借助本体和喻体之间的相似性、字面意义与隐喻意义之间的情感联想，强化言者的否定评价。

(33) *2010. 09. 27*, *Русская служба новостей*, *программа «Позиция»*

Журналист: *М. Андреева*　*Гость*: *Л. Гозман*

Гозман: По моему глубокому убеждению, Юрий Михайлович Лужков – **вор**, он много **ворует**, он – **казнокрад**, с моей точки зрения, я так считаю.

(34) *2006. 10. 16*, *Радио Маяк*, *программа «Панорама»*

Журналист: *Людмила Маликова*　　*Гость*: *Г. А. Зюганов*

Зюганов: «Единую Россию» убедить нельзя. Никакие аргументы, никакие доводы — ничего не работает. Это **штамповочное производство**: как прикажут, так и будут голосовать.

在例（33）中 Гозман 使用了刑事犯罪隐喻：вор（小偷）、воровать（偷窃）和 казнокрад（盗窃国家公款者），对 Ю. М. Лужков 进行了攻击，将其比喻成一个"刑事犯人"。在例（34）中 Зюганов 运用штамповочное производство（压模成型），比喻自上而下的完全依靠

143

行政命令的选举程序。

以上分析了政治访谈中的解释言语行为和言语攻击。在政治访谈中还有一些其他的言语行为，如说明言语行为、反驳言语行为和论证言语行为等，对这些行为有待进一步研究。

第二节　语用策略

同言语行为一样，语用策略的运用是言语交际意向性最鲜明的表现，是人类言语活动的目的性的必有特征。语用策略服务于交际目的，关系到交际的成败。语用策略研究在语用研究中占有重要地位。

我国学者代树兰指出："话语策略是交际过程中交际参与者为实现话语目标而采取的手段和方法，是说话者为实现交际目标对话语手段、话语形式、话语风格等的有意识的选择和使用。"（代树兰，2009：188）俄罗斯语言学家区分出交际战略（стратегия）和策略（тактика）两个概念，并对其做出不同的解释。Н. И. Формановская 认为，战略与交际最终目标的总设想相关，而策略则由符合总战略的、具体的言语话语组成（Формановская，1998：72）。М. Л. Макаров 认为，言语战略和策略是为了达到全部或局部交际目的，其中一个参与者在具体交际语境中采用的行为路线（转引自郭春燕，2010：99）。А. П. Чудинов 指出，交际战略和交际策略指对言语活动的规划，选择保证成功交际的原则、方法及手段，战略指最大范围内综合的规划，而交际策略指实现战略的具体方法（Чудинов，2007：76 - 77）。由此可以看出，语用策略包括两个层次：第一层次是与交际目的密切相关的总设想、总计划；第二层次为语言手段的具体运用策略。

"运用交际策略概念对语言进行分析是研究语言交际行之有效的方法。策略可以从诸多方面解释交际双方在话语中的相互作用。策略的本质特征是灵活性、可变性，是交际双方在语言的相互作用下直接反映出来的。交际策略是说话人实施一个言语行为（单个语句）或若干个言语行为（篇章）时应考虑的参数，它决定说话人采取何种手段实施言语行为。"（张家骅等，2003：608）

在政治访谈中，记者的提问言语行为基本上遵守机构话语的规则，即明白无误地（有时是尖锐地）传达提问的意图和命题内容，保证听（观）众准确地接收被访者传递的政治信息。记者的意向行为具有程式化、单一性的特点，一般情况下避免个性化的语言表达和语用策略的运用。个别提问言语行为的语用策略对政治访谈来说不是必要的和典型的。本节重点分析政治家的应答策略。

在争夺和维护政治权利这一根本交际目的的驱动下，政治家在访谈交际中必然要申明、宣传自己的政治观念、立场，要引导受众的观点趋同于自己的立场，向着有利于强化自己政治形象的方面努力。与此同时，大众传媒的机构性和政治话语的机构性又对政治家的话语有着很强的制约性，使其在回答记者问题的过程中伴有这样或那样的策略考虑，表现在语用方面，主要有闪避策略、模糊策略、隐喻和间接言语行为的使用。

一 闪避策略

"新闻记者以提问而著称，而政治家则以闪避回答这些问题而著称。"（Wilson，1990：131）我国学者陈丽江指出，闪避回答在政府新闻发布会上的使用率高达19%［陈丽江（a），2007：134］。闪避（уклонение от ответов）是政治话语的一个重要语用策略。

（一）什么是闪避

Orr 和 Burkins（1976）认为闪避回答与含糊不清和模棱两可有关。Dillon 把闪避回答看作一种不做回答的回应，即与提问行为相关而与问题本身无关的回答。因此，在 Dillon（1990）看来，闪避回答是互动交际行为中的一步,而不仅仅是一个句子。Harris(1991)认为,如果一个回答不直接回答问题或者挑战所提的问题,那么这个回答就是闪避。Ng 和 Bradac(1993)将说话者的意图引入了对闪避回答的研究,认为闪避回答是一种故意的不相关。М. П. Чуриков(2005)把闪避看作政治家的一种反应,这种反应是为了避免直接回答记者的问题、躲避公开评论某一现象或事实、隐藏自己关于某一问题的看法。庞建荣和周流溪认为,闪避回答是指有意在回答中不提供提问者所期待的全部信息。政治修辞中的闪避回答,其特点在于它与问题在语义上是不相关的,或至少是不密切相关的,而这种不(密切)相关的状况是故意造成的;但在语用上,闪避回答与问题存在着一定的关联(庞建荣、周流溪,2005:119~123)。陈丽江把这种在语用上存在着一定关联,而在语义上不(密切)相关的现象,称作政治语篇中特有的假性连贯(陈丽江,2007:129~134)。

综合以上研究可以认为,政治访谈中的闪避是指在访谈交际过程中,政治家故意没有完成记者前一提问话轮的意向支配,不提供记者所期待的全部信息的行为。这一现象违反了 Grice 合作原则中的量准则及方式准则,因此政治家的闪避行为只是对记者刺激话轮的一种反应、回应,并没有消除记者话轮中的疑问点,以及完成意向支配。

(二) 闪避策略的表现方式

对闪避回答具体策略的研究主要可以分为两种研究角度。

第一种是交际功能的角度,以 Bull 和 Mayer 为代表。他们以1992年英国大选中三名主要政党领导人的政治访谈为个案,通过识别对不同类型问题的回答把非回答(nonreplies)归纳为11类:对提出的问题不予理睬;对提出的问题予以承认但不回答;质疑所提出的问题;攻击提出的问题;攻击采访者;拒绝回答;阐述政治观点;做出不完整的回答;重复前面问题的回答;声明或暗示问题已回答;道歉(Bull,

Mayer，1993：651－666）。俄罗斯许多研究者也借鉴了这种研究视角，如 Л. Б. Головаш（2008）以英语对话为研究对象，总结出闪避战略的实施手段，这些策略的使用频率从高到低依次为：重复和反问策略（тактика повторов и переспросов）、延时回答策略（тактика задержки ответа）、缓和回答的断然性策略（тактика смягчения категоричности ответа）、总结策略（тактика обобщения）、唯唯称是策略（тактика поддакивания）、隐含拒绝策略（тактика собственно имплицитного отказа）、忽略策略（тактика игнорирования）、讽刺策略（тактика иронии）、暗示策略（тактика намека）和条件策略（тактика условия）。М. В. Юрина 在研究德语政治访谈话语的基础上，提出闪避策略通过以下交际话步实现：对问题的元交际评价（метакоммуникативная оценка вопроса）；把问题转向他人（переадресация вопроса другому лицу）；以问答问（ответ вопросом на вопрос）；改变话题（смена темы）（Юрина，2006：120－126）。М. П. Чуриков（2005）以德国政治访谈为语料，归纳出政治家闪避问题的七种方法：表明没有能力回答（признание в некомпетентности）；闪避评论（избежание комментирования）；以时间原因为借口闪避（уклонение через апелляцию к фактору времени）；以问题复杂为借口闪避（уклонение через апелляцию к фактору сложности）；把问题转向更权威的人（уклонение через апелляцию к более компетентному источнику）；忽略记者的问题（игнорирование вопроса интервьюера）；提出回应问题（постановка встречного вопроса）。

第二种是语义结构的角度，以 Galasinski 为代表。他总结出闪避回答的三种形式：改变问题的语境，改变问题的中心，改变问题的中心及语境（Galasinski，2000：62－65）。陈丽江在分析政府新闻发布会话语的闪避策略时借用了 Galasinski 的这种分类方法。

综合运用以上两种方法，可把闪避策略分为两种类型：明示闪避

（открытые уклончивые реагирования）和暗示闪避（скрытые уклончивые реагирования）。明示闪避更容易被识别，因为说话者或多或少地通过直接的言语拒绝或表明他将不合作。而暗示闪避则较难以识别，因为说话者会试图掩饰他的不合作的想法，给人一种遵守合作原则且滔滔不绝地予以应答的感觉，然而在事实上，说话者并没有提供问话人所期望的回答。

1. 俄语政治访谈中闪避策略的表现方式

在俄语政治访谈中有五种常见的闪避策略：答非所问，漏答或不答，质疑问话，借理由闪避，直接闪避。前两种属于暗示闪避，后三种属于明示闪避。

第一，答非所问，以转移问题的焦点。

（1）2009.12.24，НТВ，Первое，《Россия》

Журналисты：К. Эрнст，О. Добродеев，В. Кулистиков Гость：Д. Медведев

Эрнст：Тема гриппа обострила разные проблемы，в том числе и проблему лекарств. Все каналы активно делали сюжеты. И надо отдать должное，что российская власть оперативно и адекватно среагировала на это. Но，тем не менее，когда，особенно малоимущим людям，стоит ждать улучшения ситуации в этом направлении？

Медведев：① Знаете，с лекарствами у нас ситуация не очень хорошая. И это люди видят на своём примере，когда в аптеки заходят. Мало того что цены выросли，особенно в период эпидемии гриппа，пришлось на это реагировать непосредственно и Президенту，и Правительству，давать поручения прокуратуре，Министерству здравоохранения. Каналы，действительно спасибо，здесь показали ситуацию во всей её полноте，что называется. Поэтому надо защищаться по лекарствам.

第四章 政治访谈的意向分析

②Что произошло? У нас лишь 20 процентов основных препаратов производится внутри страны, 80 процентов мы закупаем. Но это очень опасно. Случись какая эпидемия, нам просто вообще могут кислород перекрыть, не говоря уже о том, что многие лекарства (достаточно примитивные) мы способны делать сами, но почему-то за вот период послесоветского развития мы этот потенциал растеряли. ③ Нужно возрождать свою фармакологическую промышленность. Фармацевтика должна развиваться, развиваться на принципах смешанного финансирования: и государственного, и частного. И мы этим обязательно займёмся.

④ Но это грустно, когда у нас в стране из 20 наиболее популярных препаратов только два или три делаются в нашей стране: арбидол, некоторые другие, которые, так сказать, являются наиболее востребованными препаратами, а самые простые вещи мы покупаем заграницей.

⑤Но значит для того, чтобы справиться с ситуацией в текущем режиме, помимо инвестиций в фармацевтическую промышленность, мы должны ещё следить за ситуацией на рынке лекарств, за ценами, потому что нельзя разрешать «борзеть» производителям лекарств и аптечной сети. Если они будут выбрасывать на рынок лекарства по огромным, абсолютно немотивированным ценам, это приведёт просто к социальному взрыву. Здесь мы порядок наведём. Прокуратура подействовала, Министерство здравоохранения поработало.

Мы вводим и специальные режимы. В частности, контроль за ценами (отпускными ценами и ценами производителей) и контроль за предельными размерами аптечной надбавки, то есть надбавки за посредничество. Вот при помощи двух этих инструментов, я считаю, мы с ценами разберёмся. Но для того, чтобы получить абсолютно такую современную фармацевтическую промышленность, нам потребуются инвестиции, и только в этом случае мы будем получать и хорошие лекарства, и нормальные цены.

Для сведения. Для того чтобы придумать новый препарат, требуются <u>огромные инвестиции</u>. Вообще, в среднем в год изобретается до десятки новых препаратов. Не так много, как мы, наверное, думаем. И каждое новое изобретение почти стоит, может быть, около миллиарда долларов. О чём это говорит? Это очень большие инвестиции, это инвестиции в людей, и очень нужные инвестиции. И если мы сможем развить свою фармацевтическую промышленность, мы получим и лучшее качество жизни, и нормальную ситуацию на рынке лекарств.

⑥ Именно поэтому фармацевтическое производство включено в пять приоритетов, которые установлены Президентом.

在例（1）中，记者 К. Эрнст 的问题由叙述和一个疑问句两部分构成：第一部分提出了讨论的话题为药品问题，并肯定俄罗斯政府对该问题做出的反应；第二部分是一个针对时间的问题，疑问点是"什么时候，特别是那些不富有的人们才能等到这种情形的改善"。Д. Медведев 的回答可以划分为以下几个部分：第①部分承认存在该问题；第②部分分析该问题产生的原因；第③部分是应采取的措施；第④部分讲述对该问题的态度；第⑤部分是各种应对措施（监管药品市场、采用特殊体制、增加药品投资）；第⑥部分强调该问题的重要性。可以看到，Д. Медведев 的回答篇幅很长，也是围绕药品问题这个话题的，但是他实际上并没有提供记者期待的关于时间期限的信息。

答非所问、转移问题的焦点还可以体现在问句和答句在语法时态上的不一致,如在例(2)中记者的问题(划线处)属于过去时的是非问句,即"您和志愿者们是否已经战胜了这个在原则上已经过去了的困难",答话人没有以"是"或"不是"给予应答,而是以基本上属于一般现在时态的话语回应。

(2) *2010.08.18, Радио Говорит Москва*

Журналист: А. Дорохов   Гость: Д. Зеленин

Дорохов: Напомню нашим слушателям, нашим слушателям, что сегодня в гостях радио Говорит Москва губернатор Тверской области Дмитрий Зеленин. А вот это общение с премьером, все-таки там разговор, общение касалось проблемы, связанные с засухой, с пожарной ⊥ ситуацией пожарной, которые тушили в Тверской области. По-моему с самого начала круглосуточно встречаются волонтеров, вот это было в прессе. <u>Вы с ними справи**ли**сь с вот этой проблемой уже в принципе позади?</u>

Зеленин: Ну а летом, тем более таким теплым летом, не говоря уже там уникальная ситуация этого года. Всегда есть лесные пожары, огромные территории Тверской области, это 8000 квадратным метров, это самый большой регион в центре России. Это больше чем даже Красноярский край.

Дорохов: Там и торфяник и тополь.

Зеленин: И торфяник, да, самые большие запасы # в центре России по торфяникам. Там можно сравнить с Тверской областью. И конечно, готовность к таким лесным пожарам, лесным пожарам достаточно высокая, служба пожарная, служба МЧС, это нам помогает, поэтому▲

Дорохов: ▼<u>Значит, вы были в принципе готовы в отличие от</u>

других мест?

Зеленин: У нас **в целом** готовность высокая, # если готовиться абсолютно ко всем нюансам очень трудно. Но, вообще говоря, группировка МЧС за последние годы, и федеральные, и нашей Тверской области, серьёзно усилилась. А вот постоянное такое напряжение каждый год. Это помогает держать доносы те управления, которые ответственны за это. И, конечно, пожары не обошли. На Тверской области, все-таки первое, единственное или там самое тёплое, тёплое, тёплое лето за последние 150 лет жара, конечно, пожаров много, в обычные дни, это 15-17 пожаров возникающих каждый день, в эти дни 30 пожаров. А вот сейчас конечно, все-таки точно хорошо. Но всё равно 3-4 пожара возникающих. И важно не дать огню выйти на большую площадь, потому что то место, которое прошло, то место, которое прошло огонь, это постоянно очаг полочной, полочной так сказать, суха. Но все подготовлено. Потому что ещё бы иумь-иумь опять, опять пошел огонь. Поэтому постоянный контроль и вокализация. Хочу отметить, что вот такое быстрое реагирование, я считаю, что удалось Тверской области. Кроме этого, у нас есть служба оповещения, это не только муниципалитеты, это не только граждане, но и камер слежения на выставках # мобильной связи. Вот недавно показали, репортаж в Германе есть, нет, у нас в России есть. Я могу завести свой компьютер и управлять этой камерой и могу делать 30 градусов в этой камере, увидеть все пространство, причём это же на выставке...

第二，漏答或者不答。在多个问话的情况下，政治家往往回答容易回答的问题，漏答或者不答较难回答的问题。

普京和梅德韦杰夫的关系一直是俄罗斯政坛的焦点问题，在例

（3）中采访记者的问话有两个疑问点：普京和梅德韦杰夫的关系是否有所变化？你们二人在工作中和工作外是如何交往的？梅德韦杰夫在答话中只对第一个问题即"是否有所变化"的疑问点（见粗体部分）做了回答，而对第二个比较具体的问题并未做出回答。

（3）*2009. 12. 24，НТВ，Первое，«Россия»*

Журналисты：К. Эрнст, О. Добродеев, В. Кулистиков　　Гость：Д. Медведев

Эрнст：Дмитрий Анатольевич, у вас в допрезидентский период всегда были свои особые отношения с Владимиром Владимировичем Путиным. Они сейчас как-то изменились? Как Вы общаетесь на работе и вне неё?

Медведев：У нас и сейчас особые отношения, это товарищеские, дружеские отношения, они не изменились. **Я уверен, что они не изменятся**.

第三，质疑问话。在政治访谈中，有时政治家不认同记者问话中所包含的信息，认为该信息错误或不准确。

（4）*2010. 10. 08，Радио Свобода，программа «Лицом к лицу»*

Журналисты：Л. Телень, Ф. Лавуа, Е. Квитко　　Гость：С. М. Миронов

Квитко：Сергей Михайлович, у меня вопрос **про чувство**. Вы тоскуете по тем временам, когда парламент что-то значил в жизни страны? Ведь вы возглавляете Совет Федерации, который (не обижайтесь) не несет, а особенно теперь, смысловой нагрузки в стране, вы возглавляете партию, которая ни на что абсолютно не влияет. Что вы об этом думаете?

Миронов：Евгения, я думаю, что вы не правы. Начнем с Совета Федерации. Да, у нас не все получается, и может быть, кому-то кажется, что слишком мало законов мы отклоняем, но зато это ключевые законы...

Поэтому я не согласен, что мы ни на что повлиять не можем. Мы на многое влияем, и я вас уверяю, с каждым днем влияние нашей партии все больше и больше. Потому что мы больше и больше получаем самый главный политический ресурс — доверие избирателей. Это наша работа, это наша функция, если хотите, это наша миссия.

在上述访谈片段中，虽然受访者 С. М. Миронов 的答话篇幅很长，但是却没有真正回答采访记者的问话。在该问答对中，采访记者提问的是有关"感情"的问题，即"您是否怀念议会在国家生活中起到作用的时光"。问话中包含着"议会在当今国家生活中的地位无足轻重"这一预设。С. М. Миронов 所做的回答都是在论证这一预设的错误性，并没有给予有关"感情"方面的回答。

第四，借理由闪避。

（5）*2009. 12. 24, НТВ, Первое, «Россия»*

Журналисты: К. Эрнст, О. Добродеев, В. Кулистиков Гость: Д. Медведев

Эрнст: Дмитрий Анатольевич, на прошлой неделе Вы были в Копенгагене, где весь мир обсуждал климатические перспективы. А вот если честно, Вы сами как считаете, Земля остывает или нагревается?

Медведев: Для того чтобы сказать, остывает она или нагревается, ответить на Ваш вопрос, я должен быть специалистом в этой сфере. Если говорить прямо, на мой взгляд, даже не это главное, как это ни странно, остывает она или нагревается, потому что есть циклические теории, есть действительно разные точки зрения. Главное — как мы на это реагируем.

第四章　政治访谈的意向分析

Вот, не важно, остывает или нагревается, нам всё равно нужно менять экологию планеты, нам всё равно нужно заниматься энергосберегающими технологиями, развивать «зелёную энергетику», заниматься созданием альтернативных видов топлива. Вот это абсолютно очевидно. И заниматься энергоэффективностью. Поэтому (я уже об этом говорил и ещё раз хотел бы сказать) безотносительно к тому, будут ли подписаны новые соглашения (а я, кстати, скажу откровенно, я недоволен результатами Копенгагена, получился «пшик», пустой звук, к сожалению, не смогли договориться, и, скажу так аккуратно, это не вина Российской Федерации), значит, так вот без относительности к этим соглашениям, мы всё равно будем заниматься энергоэффективностью, созданием современной энергетики, понижением энергоёмкости нашей экономики, а стало быть, снижением выбросов в атмосферу. Потому что даже если все прогнозы, которые сегодня существуют об изменении климата, окажутся несерьёзными или неактуальными, мы всё равно как минимум улучшим атмосферу, в которой живём.

在例（5）中，问话中的疑问点是一个选择性问句，即"您如何认为，地球会变冷还是变热"，Д. Медведев 在答话中并没有从这两个选项中做出选择，而是首先声明回答该问题需要该领域的专家，借这个理由进行了回避，之后将焦点转为"如何应对气候变化，解决生态问题"。

第五，直接闪避。在政治访谈中，直接闪避的情况是比较少见的。在例（6）中，记者的问题是探听 Д. Медведев 签署的命令的内容，Д. Медведев 在答话中较直接地回避了该问题。

(6) *2009.12.24, НТВ, Первое, «Россия»*

Журналисты: *К. Эрнст, О. Добродеев, В. Кулистиков   Гость*:

Д. *Медведев*

Эрнст: Дмитрий Анатольевич, а вот Вы сказали об указе, который сегодня подпишете. Это и есть начало реформирования системы МВД?

Кулистиков: И контуры указа какие-то ‖ можно сейчас обозначить？

Медведев：‖ Значит. Давайте всё-таки дождёмся выхода указа. Я，конечно，понимаю，что вам интересно，но если▲.

Эрнст：▼Новость в прямом эфире. ▌

Медведев：▌ Да，это новость в прямом эфире. Но，если говорить о цели этого указа，это именно меры по оптимизации，по реформированию деятельности МВД，конечно. В этом смысле.

2. 汉语政治访谈中闪避策略的表现方式

与俄语政治访谈相比，汉语政治访谈中的闪避策略运用较少，主要体现为以下三种方式。

第一，答非所问，以转移问题的焦点。

（7）主持人：您来《强国论坛》回答了这么多问题，您觉得网友的问题尖锐吗？

万钢：①我觉得网友的问题还是挺贴心的，挺替我着想的，希望大家多提。②我这里要做个检讨，今年年初以来工作太忙，有的时候呢，有一些网友提出来的问题啊，没能够及时回答，我刚才也问了我们的这个"部长信箱"。我也说实在话，不是说部长一个人去回答部长信箱的问题，有一个后台在帮助我干。但是呢确实，最近一段时间，工作忙于这个出台振兴措施，忙于支撑经济发展。我们呢，尽我们的可能，多回答网友提出来的问题。③过去的规律当中，我们一般说起来能够在网友提出问题来，有一些能够直接回答的就直接回答，有一些回答需要一两个星期的时间，因为我们还要了解情况，我也不能妄下结论，对吧。那么另外一个呢，也有一些问题呢，我们把它作为建议来吸收，在今后的工作当中来完善它。④我想，今天网友那么关心科技啊，还是因为科技对我们的生活影响太大。从这个角度上看起来，我们的目标是一致的，我们希望，包括我们有些网民对于这种这个学术腐败啊，是痛心疾首，这跟我的感情是一样的。但是我们一定要一步一步地去走，然后把这些问题解决掉。(2009.03.13 人民网《强国论坛》)

在例（7）中，记者的问题是一个疑问句"您觉得网友的问题尖锐吗"，而答话人并没有直接给予肯定或否定的答复。可以把答话分为四部分：第①部分是对网友问题的整体评价；第②部分是做检讨；第③部分是总结过去工作的规律；第④部分是与网友交流的感受。在该例中，虽然答话人的篇幅比较长，但实际上并没有回答记者的问题。

第二，漏答或不答。漏答或不答也是汉语政治访谈闪避策略的主要表现方式之一。很多情况下，政治家只回答容易回答的问题，漏答或者不答较难的问题。

（8）主持人：现在就是民革内部成员之间，他们有国民党关系的人占多大比重？因为有的网友问，我想加入民革，必须是国民党的后人吗？是这样吗？

周铁农：我们呢，这个因为为了保持民革啊，自身的这样一个党派自身的特色，因此呢，我们在发展成员的时候，比较重视新成员和原来的国民党人士、和现在的台湾人士、和海外那些人士的这种渊源关系。但是呢，我们也不是完全吸收这方面的人士，也吸收一些符合我们党的条件这个其他别的方面的一些人士。要从我们的章程规定来看，那就是说只要承认中国国民党革命委员会的章程，是吧？只要是能够是吧，这个参与我们党所组织的一些活动，并且呢，接受党的各级组织的领导，都可以成为这个民革的成员。(2009.01.01 人民网《强国论坛》)

例（8）的问话由两个问题组成：第一个问题是在民革成员中与国民党有关系的成员占多大比重；第二问题是关于加入民革的条件的。然而受访者只对第二个问题给出了答复，第一个问题被忽略了。

第三，借理由闪避。

（9）主持人：好，再来看一下其他网友的问题。很多网友发现好像都是关于房价的，那确实也是现在也正好处于年末年初的一个时间段里面，而且今年也是马上就要开世博会了嘛，关于这个房价，明年的房价到底是平还是涨，还是大涨的问题，可能大家都是非常期待的，那刘局这个问题是我们私下再谈还是怎么样？

刘海生：房价问题，我想我跟网民打声招呼，<u>**因为我这个身份不一样，我是官方身份**，我也很难去跟大家说明年的房价会有什么样的趋势</u>。但是，我可以把一些政府最近在想一些什么，可以跟大家做一些沟通#，有些政策已经出台了，有些也在研究当中。应该说去年，特别是去年6月份以后，上海的房价可以用突飞猛涨这个形容词。原来我们年初的时候，在研究2009年的房地产市场当中，曾经也想下半年可能房价会涨，但是没想到涨得这么快，涨的幅度这么大。这个住房的问题呢，实际上是对，它不是一个纯商品的问题#，住房涉及一个社会民生的问题……从政府的角度，我们希望房价能够下来一点，能够使得大部分老百姓能买得起吧。当然对个别地点，你像在什么黄浦江边上，有些特别好的房子，反正有些高收入的你愿意买去买，但是我们在面上要关注到大部分老百姓的需求。（2010.01.18 东方网）

例（9）的问话是一个十分敏感的问题，即关于"房价涨跌"的问题，受访官员借"官方身份"的理由进行了回避，之后将话题转移为"政府最近在想一些什么"。

汉语政治访谈中，受访政治家很少使用质疑问话和直接闪避，在本书选取的15篇政治访谈中，上述两种情况分别出现三次和两次，在此不做详述。

3. 数据统计及对比分析

本书分别对15篇俄语政治访谈和15篇汉语政治访谈中闪避策略的

第四章 政治访谈的意向分析

运用情况进行了统计分析，大体把闪避策略的表现方式分为五类：答非所问；漏答或不答；质疑问话；借理由闪避；直接闪避。可以发现，采访记者有时会"默许"一些闪避，直接提出下一个问题；而对另外一些闪避却"不依不饶"，通常采用重述问题的方式再次提问。可以根据记者是否再次提问把政治家的闪避分为成功的闪避和失败的闪避。

（10）*2011.01.16，Радиостанция «Эхо Москвы»*

Журналист：Е. Альбац   Гость：Б. Немцов.

Альбац：... А один вот вопрос, который мне хочется целую серию вопросов задать — потому что мне нравится сама постановка вопроса：«Скажите. Дорогой Борис Ефимович, вот например, вы выбрали, вас россияне выбрали президентом, и вы поселились в Кремле, что потом, кто будет управлять регионами и городами, кто будет командовать в местных УФСБ и УВД, **где вы собираетесь брать кадры для управления страны**？Если вы серьезный политик, который занимается не только популяризацией своей персоны, но и реально желающий что-то изменить в РФ в лучшую сторону, **опубликуйте список вашего резерва**».

Немцов：Значит первое, что я бы сделал — я бы отменил цензуру. Второе：я бы провел расследование коррупционной деятельности Путина и его окружения, в том числе, «Транснефти», «Газпрома», госкорпораций. Я бы провел расследование, как его дружки из кооператива «Озеро», которые имели там дачные домики и по 6 соток земли, — практически все оказались долларовыми миллиардерами.

Кроме того, я бы вернул в страну выборы, в том числе, выборы губернатора — я сам был выбран губернатором и знаю, чем отличается избранный губернатор от назначенного. Я бы вернул в

Россию местное самоуправление, естественно, закрепил бы за регионами финансовую базу для того, чтобы они могли решать проблемы, в том числе, борьбу с пожарами, в том числе, борьбу с ледяным дождем. Это же позорище, когда у нас сплошные катастрофы в стране ровно из-за того, что г-н Путин, уничтожив собственное местное самоуправление и выборность губернаторов, тем самым полностью парализовал управление страной. ▲

Альбац: ▼**Вас спрашивают, где вы кадры возьмете.**

Немцов: Я сейчас говорю. А кадры — вы знаете, если я говорю про выборы, — я не такой высокомерный, чтобы говорить, кого люди должны избрать. Когда я говорю, что губернатора надо избирать, и мэра Москвы тоже надо избирать, это означает, что народ должен решить, кто будет мэром. А я буду согласен с выбором народа.

在例（10）中，记者的问话是"假如 Немцов 当选总统，他从哪里选拔国家领导干部"，而 Немцов 则阐述了"如果当选总统，他会做什么"，比如"取消检查""调查腐败活动"等，明显是答非所问，转移了话题，记者随后将其打断，重述问题，再次明确"所问的问题是从哪里选拔干部"。由此可见，Немцов 虽然使用了闪避策略，但是并没有成功。

表 4-2 俄汉语政治访谈中闪避策略的运用情况

单位：次

	暗示闪避				明示闪避						合计
	答非所问		漏答或不答		质疑问话		借理由闪避		直接闪避		
	成功	失败	成功	失败	成功	失败	成功	失败	成功	失败	
俄语	37	9	12	1	12	4	3	0	4	0	82
汉语	14	3	11	2	3	0	5	0	2	0	40

资料来源：作者整理。

第四章 政治访谈的意向分析

对15篇俄语政治访谈和15篇汉语政治访谈中闪避策略的运用情况进行统计（见表4-2）和仔细分析后可以得出以下结论。

第一，在15篇俄语政治访谈中政治家使用闪避策略共计82次，该策略表现方式的使用频率从高到低依次为：答非所问（46次）、质疑问话（16次）、漏答或不答（13次）、直接闪避（4次）、借理由闪避（3次）。其中暗示闪避的次数（59次）明显高于明示闪避（23次）。闪避策略的平均成功率达82.93%，其中明示闪避的成功率（82.60%）略低于暗示闪避的成功率（83.05%）。由此可看出，闪避策略是俄罗斯政治家应对记者提问十分有效的策略之一。

第二，15篇汉语政治访谈中政治家使用闪避策略共计40次，该策略表现方式的使用频率从高到低依次为：答非所问（17次）、漏答或不答（13次）、借理由闪避（5次）、质疑问话（3次）、直接闪避（2次）。其中暗示闪避的次数（30次）明显高于明示闪避（10次）。闪避策略的平均成功率达87.50%，其中明示闪避的成功率（100%）高于暗示闪避的成功率（83.33%）。由此可看出，闪避策略也是中国政治家应对记者提问十分有效的策略之一。

第三，俄汉语政治访谈闪避策略的共同点体现为：闪避策略是两国政治家应对记者提问十分有效的策略之一；两国政治家都较经常使用暗示闪避，其中答非所问的使用最为频繁；两国政治家使用暗示闪避的成功率十分接近，分别为83.05%和83.33%。这些共同点反映了政治访谈作为一种政治话语体裁的普遍特征：政治交际的目的是争夺和维护政治权利，在面对记者一些比较尖锐、棘手的问题时，政治家常会选择使用闪避策略规避风险，维护自身及其政治集团的利益。

第四，俄汉语政治访谈闪避策略的不同点体现为：俄罗斯政治家使用闪避策略的次数（82次）远高于中国政治家的使用次数（40次）；俄罗斯政治家使用闪避策略的平均成功率（82.93%）低于中国政治家的平均成功率（87.5%）；俄罗斯政治家使用明示闪避的成功率

（82.60%）远低于中国政治家的成功率（100%）。这些不同点反映出中俄政治体制的差异及文化差异。

（三）闪避策略与语言顺应论

Verschueren 于 2000 年提出了著名的顺应论，即语言的使用过程就是语言不断选择的过程，这种选择可能是有意识的或者无意识的，它受语言内部结构和语言外部因素所驱动。语言的使用要根据不同个体的不同心理，从语境和语言结构等方面做出不同的顺应。而语境可分为两大类，即语言语境和交际语境。语言使用过程中的选择只有顺应语言语境和交际语境，才能使交际顺利进行，实现交际目的。在政治访谈交际过程中，政治家闪避策略的运用是顺应语境的结果。

1. 闪避是对政治家自身形象及其所代表的政治集团的利益的顺应

政治访谈的受访者大都是政界名流，他们通过大众传媒这个平台，或评论某一政治现象，或向受众介绍其个人或其政治集团的政治观点、治国理念等，达到塑造个人形象、宣传其政治集团、提高自身竞争力，进而获得更多选民支持的目的。

而采访记者为深度挖掘政治家及其所代表的政治集团的真实的政治观点，有时会提出一些在政治家看来比较敏感、尖锐的问题，在这种情况下，当记者提出的问题有可能影响政治家自身或其政治集团的利益时，政治家常常会选择闪避策略来维护自身及政治集团的利益。

如上文例（5），在回答"地球会变冷还是变热"这个问题时，Д. Медведев 很清楚，如果他就这个问题发表见解，那么他的见解很可能对公众产生很大的影响，而实际上，这是一个气象学家们争论不休、难以确定的问题，对此很难做出准确的判断。因此，Д. Медведев 选择了闪避策略，避免直接回答该问题可能产生的后果。

2. 闪避是对权势关系的顺应

在政治访谈中，采访记者通过问话控制话轮分配以及话题，潜在地实施权势：采访记者提出话题，掌握主动权，而受访政治家处于被动地位。但是在 Allen 和 Guy（1974）看来，交际中的权力关系是动态的，产生于实时的交际语境，而且具有不确定性。因此，说话人和听话人等交际主体之间的权力关系不同于传统意义上的权力关系，不是固定不变的。由此可知，在政治访谈的言语互动中，主导地位并不是绝对的，受访政治家可通过多种方式显示甚至平衡双方的权利关系。通过转变问题的焦点、漏答或不答等方式实施的回避策略就是政治家避免完全被记者操控、争取主动权的表现之一。

二 模糊策略

语言的模糊性是语言的基本属性之一，各种语言无不具有模糊性，如 юность 和 молодость 两个词的差别就很难区分。

Brown 和 Levinson 将模糊限制看作社会交往中说话人和听众之间采用的礼貌策略，他们在 Grice 的合作原则中的四个准则（质准则、量准则、相关准则、方式准则）框架内讨论了模糊限制语：质的模糊限制语（quality hedges，如"I think""I believe""I assume"等）；量的模糊限制语（quantity hedges，如"roughly""more or less""to some extent"等）；相关模糊限制语（relevance hedges，如"This may not by relevant, but…""I might mention at this point…""While I remember…"等）和方式模糊限制语（manner hedges，如"not to beat about the bush""to put it more simply"）。（转引自窦卫霖，2011：145）

Е.И. Шейгал（2004）指出，意义模糊性（смысловая неопределенность）是政治话语构成系统的特征之一。政治话语的意义模糊性源于一系列的语义因素和语用因素。语义因素包括以下几个方面。（1）意义的抽象性和宽泛性。（2）由所指复杂性引起的意义的复杂性，如 импичмент（弹劾）。（3）语义递差词语之间的语义界限模糊性，如一些表示政治取向的词语之间缺少明确的区分标准：реакционный, консервативный, либеральный, прогрессивный, радикальный。（4）意义的相对性，也就是称名的选择取决于说话人的政治立场：同一行动纲领，从一个人的立场看可能是反动的，而从另一个人的立场看却可能是自由的。

语用因素包括以下几个方面。（1）鼓动和施加影响功能是政治语言功能系统中最主要的功能。"政治斗争的实质就是争夺赋予语言象征，界定（同时控制）其内容的权力。政治家的最终目的不仅仅是明确关键术语的概念内容，而是激起所希望的受话人的反应。"（Green，1987：2）（2）政治话语的操控性。模糊性是操控最主要的工具，是以下策略的基础：模糊不良信息，掩饰不利事实；欺骗，故弄玄虚，掩饰真相（故意迷惑他人）；匿名性，失去个体性，以推卸责任。（3）努力挽回脸面。借助于使用非常抽象的或者很模糊的表达，说话人更容易掩饰自己的无知和更容易在以后必要时否定之前说过的话。（4）交际中避免冲突的需要。模糊性是克服交际难题的手段之一，它防止说话人走极端，在讨论有争议的问题时采用温和或中立的立场，从而促使交际者缓解对立关系。在政治领域中，众所周知，未经深思熟虑的话语或者不准确的解释会引起严重的冲突。（5）努力摆脱对自我行为的监控。"使用多义和模糊的概念是富有经验的政治家和发言人经常使用的有效方法。政治纲领语篇中，一些概念的上下文不确定性增加了之后人们有效监控政治家义务完成情况的难度，而政治家则能成功地随机应变，使自己的行为符合一定条件下的礼节道德标准。"（Ключарев，1987：214）

本书讨论的模糊策略是一种语用策略。具体来说，就是在言语交际中，为了达到某种特殊的交际目的，说话人把原本可以清楚表达的意思有意用不明确的语言进行表达的一种特殊的语言使用现象（吴亚欣，2002：65）。模糊策略的使用必然导致说话人意图的模糊性和不确定性。

（一）俄语政治访谈中模糊策略的表现方式

语用模糊作为一种语用策略，具有多种语言实现手段。在俄语政治访谈中，政治家的模糊策略主要通过以下手段得以实现。

1. 模糊语词

语用模糊绝大多数都是通过选择具有特殊语义特征的语词得以实现

的。模糊语词指一切范围、界限、含义不清的模糊表达,可以分为以下几种。

第一,指称模糊。指称指语句或语句的组成部分与现实世界的事物、事件、情景、事态的对应关系。Е. Падучева根据是否有具体所指把名词性短语分为实指名词性短语和非实指名词性短语,实指名词性短语可分为有定和不定两种,其中不定又区分为弱不定、强不定和单纯不定三种;非实指名词性短语分为泛指、类指、限定性所指和存在所指四种(张家骅等,2003:395~402)。指称与背景知识、语境等因素关系密切,在交际中,可以依据这些因素判断指称是明确还是模糊。指称模糊是政治访谈中政治家常用的策略之一。

Beard注意到,政治家和他们的撰稿人对演讲中使用什么代词颇费脑筋:他们自己准备承担多大的责任;成功后他们愿意和同事分担多大的责任;他们有多大把握相信公众接受他们的观点;失败后他们自己准备承担多少责任。(田海龙,2001:75~80)因此,政治话语中人称代词的指称具有很强的模糊性,主要表现在以下方面。

其一是мы(我们)。田海龙指出,英语和汉语第一人称复数代词有两种用法,一个是包括用法(inclusive we),另一个是排除用法(exclusive we)。包括用法比较明确,指说者和听者(I and you)。而排除用法有两种情况,一种是排除听者,另一种是排除说者(田海龙,2001:17~20)。笔者把俄语政治访谈中第一人称复数代词мы的意义分为两种。第一种为包含类,即包括说话者,说话者所代表的机构或党派,以及利益相关的听(观)众。第二种为排他类,即只包括说话者及其所代表的机构或党派。包含类的"我们"可以拉近政治家与民众的距离,有时会起到激发情感、唤起认同感的作用。排他类的"我们"包括政治家及其"同伙",表达的不是一个人的观点,而是一个团体的意见或政治主张,因此具有增加政治家话语权势,增强听(观)众的信任度,同时减轻政治家责任的功能,从而使政治家顺利地达到了既施加影响又进行自我保护的目的。

（11） *1993. 08. 28，Радио Свобода，«Лицом к лицу»*

Журналисты：*М. Дейч, Д. Мажелова, Л. Колодный Гость*：*Ю. Лужков*

Дейч：Юрий Михайлович, вы входите в число учредителей Фонда помощи некоренному населению в республиках бывшего СССР. Скажите, пожалуйста, это что, политический шаг или у вас в мэрии мало дел?

Лужков：Вы знаете, мне странен ваш вопрос, он больше риторичен. Я знаю, что вы хорошо осведомлены о загрузке работников мэрии и руководства мэрии. Нет, это не политический шаг. Хотя трудно разделить здесь и сказать: вот это классически хозяйственный шаг, а это классический политический шаг. Хозяйство, экономика и политика — это две грани состояния общества, и **мы** это хорошо с вами представляем. Так вот, я вам могу сказать, **мы** политикой не занимаемся, у **нас** есть проблемы хозяйства, и слава Богу, значит, **мы** начинаем в этом плане уже как-то стабилизировать положение, и где-то появляются первые ласточки созидательных процессов.

在例（11）中，记者是问 Лужков 的个人观点和态度，Лужков 在答话中使用人称代词 мы 和 нас 共四处。第一处 мы с вами 属于包含类，即指称说话者及受话者（包括记者和听众）。第二处 мы 的所指不明确。这里的 мы 是指上文提到的 работники мэрии и руководство мэрии 呢，还是意指 Лужков 本人呢？第三处 нас 和第四处 мы 的所指也不明确。它们是指 работники мэрии и руководство мэрии 呢，还是指包括受话者在内的所有人呢？

其二，除了"我们"的模糊指称之外，还有其他一些代词的模糊指称，如俄语中的不定代词（кое-кто，кто-то，кто-нибудь，некто，нечто），以及все、некоторый 等。政治家通过这些不明确的指称弱化语力，谋求一致性、减少冲突性，给人一种措辞委婉、礼貌的感觉。

（12）2009.12.24，НТВ，Первое，«Россия»

Журналисты：К. Эрнст，О. Добродеев，В. Кулистиков　*Гость*：Д. Медведев

Эрнст：А какое место в политической жизни России Вы видите для представителей внесистемной оппозиции, для таких людей, как Касьянов, Каспаров?

Медведев：Вы знаете, так называемая внесистемная оппозиция, она потому и внесистемная, что она себя внутри политической системы не видит. Они сами выбрали такое место. Это их право. Я отношусь к этому с уважением, если при этом не происходит нарушения нашего законодательства избирательного, законодательства об общественных объединениях, о митингах и так далее. То есть если так называемая внесистемная оппозиция действует в пределах закона, пусть себе работает, как ей нравится. <u>Они тоже, наверное, отражают **чьи-то** предпочтения, правда, я иногда затрудняюсь ответить чьи.</u> Но это уже вопрос внутренней оценки, не хотел бы никого обижать.

在例（12）中，Медведев 在谈论对体系外反对派的看法时指出，他们反映了 чьи-то предпочтения（某些人的偏向）。这里 Медведев 运用不定代词 чьи-то，未直接指出具体哪些人，礼貌地避免与某些反对派的进一步冲突，同时为日后争取这些反对派做了铺垫。

第二，模糊评价。说话人对事物做出评价的一个重要手段就是使用具有评价色彩的名词、动词、形容词、副词等词汇，但是这些评价词语具有模糊性和相对性，因为"评价是人的一种主观行为，是人把握客体对人的意义、价值的一种观念性活动"（张家骅等，2003：673）。黎千驹指出，表性质、状态范畴的词语，其语义的模糊性有着显著的特点，主要体现在对立性、相对性、间接性和主观性四个方面（黎千驹，2006：92）。如 Медведев 在一篇访谈中表示：Мы, на мой взгляд, заплатили <u>относительно небольшую цену</u> за тот международный финансово-экономический кризис（我认为，我们在这场国际金融经济危机中付出了相对不大的代价），这里 относительно небольшая цена（相对不大的代价）就很空泛、抽象，到底什么是大代价、什么是小代价，每个人有不同的衡量标准。

2. 模糊限制语

G. Lakoff（1972）把模糊限制语定义为"把事物弄得模模糊糊的词语"。通常附加在意义明确的表达形式之前的词或短语，可使本来意义精确的概念变得模糊（转引自何自然，1988：157）。

到目前为止，国内外引用最广也最具影响力的模糊限制语的分类是 E. F. Prince 提出的分类方法。Prince、Frader 和 Bosk 按照模糊限制语的语用功能，于 1982 年提出将模糊限制语划分为两类：近似化语（approximators）和遮掩语（shields）（转引自金燕飞，2011：56）。我国学者何自然（1985）也做过相似的分类，将模糊限制语分为变动型模糊限制语和缓和型模糊限制语。变动型模糊限制语属于语义范畴，包括程度变动语（kind of，sort of，almost）和范围变动语（approximately，about，essentially）。缓和型模糊限制语不改变话语的真值条件，使原来话语的肯定语气趋向缓和，属于语用范围，包括直接缓和语（I think，probably，hard to say）和间接缓和语（according to one's estimates，as is well known，It's said that）。贾晓凡、蒋跃（2011）指出，Prince 的分类方法漏掉了一些模糊限制语。在实际语料分析中也可以发现，Prince、何自然的分类方法不完整，有一些模糊限制语的遗漏情况。

本书以陈丽江（2007）的分类方法为基础，将政治访谈中的模糊

第四章 政治访谈的意向分析

限制语分类如下。

第一，情态类模糊限制语。俄语中的情态类模糊限制语主要体现为一些表达可能性、应该、必要性、不得不等意义的动词，以及短尾形容词、述谓词（можно，возможно，разумеется，наверное，может быть等）和表示说话人态度的插入词语与插入句。

第二，修饰类模糊限制语。修饰类模糊限制语可分为五种。

① 表示量的模糊限制语，如 много、мало、масса、почти、около、более 和 примерно。

②表示程度的模糊限制语，如 немножечко、не очень 和 в основном。

③表示质的模糊限制语，如 якобы、вроде（бы）和 кажется。

④ 表示方式的模糊限制语，如 мягко говоря、грубо говоря、вообще говоря、кстати говоря 和 как говорится。

⑤表示时间的模糊限制语，如 древние времена 和 будущее развитие。

这些修饰类模糊限制语对话语的程度、范围、方式等进行了一定的限制，从而缓和了对事实的绝对陈述。

第三，认知类模糊限制语。认知类模糊限制语，如 я думаю、мы думаем、я утверждаю 和 мне（не）кажется 等，"是建立在主观认知活动基础上的判断或态度等词、短语或句子，表达说话者对事实或命题的一个真假判断"（陈丽江，2007：198）。在陈述事件时，加上此类模糊限制语，使对该事情的肯定口气得到适当的缓和。

政治访谈交际中，受访政治家的目的是向大众宣传政治观念、立场，赢得选民的支持，因此在政治家的答话中经常会出现此类表达。如在俄语政治访谈语料库中，Лужков 在一场政治访谈中 25 次使用了认知类模糊限制语。

使用模糊限制语是语言交际中的普遍现象。在政治访谈中，模糊限制语有着特殊的语用功效。一方面，从采访记者角度看，它可以保全记者的面子，维系正常的交际互动；另一方面，从政治家角度看，它既可以增强说服力和语言的灵活性，赢取更多人的认同与支持，也可以减轻政治家对其所说的话应承担的责任，帮助他进行自我保护。如例（13），Лужков 在答话中说"这个结构可以使每一个莫斯科人都能去找自己的莫斯科区行政长官"，这句话的语气十分肯定，因此，Дейч 质疑这一说法，问 Лужков 是否"相信，每一个莫斯科人都有机会找到自己的区行政长官"。仔细分析一下 Лужков 的答话，他首先做出了肯定回答，然后对这一观点从多个方面进行了修正，运用了多种模糊限制语：表示程度的模糊限制（по крайней мере），认知类模糊限制语（я думаю），表示方式的模糊限制语（здесь правильнее сказать），以及表示数量的模糊限制语（большую）。通过使用多种模糊限制语，Лужков 进行了灵活的变通，在很大程度上缓和了对前述话轮观点的绝对陈述，大大降低了该观点带来的责任。由此可见，"政治话语中的模糊限制语维系各方的政治利益和政治关系"［陈丽江（a），2007：200］。

（13）*1993.08.28，Радио Свобода，«Лицом к лицу»*

Журналисты：М. Дейч，Д. Мажелова，Л. Колодный Гость：Ю. Лужков

Лужков：…Мы говорим об Эстонии, о стране, в которой 1 миллион 600 тысяч человек населения. Так что здесь сравнимые масштабы, и они говорят о том, что мы не заблудились, а наоборот, <u>приняли структуру, в которой каждый москвич может дойти до своего префекта муниципального округа</u>, и соответственно, административные округа решают проблему управления своими территориями.

Дейч：А вы уверены, Юрий Михайлович, что каждый москвич имеет возможность дойти до своего супрефекта?

Лужков: До супрефекта?

Дейч: До своего супрефекта.

Лужков: Да. **По крайней мере, я думаю, здесь правильнее сказать**: каждый москвич сейчас существенно большую возможность имеет для того, чтобы решить вопросы со своим супрефектом. Супрефект работает на 15 – 20 – 30 – 50 тысяч человек, а район, председатель исполкома работал на 700 тысяч человек. Вот вам пожалуйста, это сравнение сразу говорит само за себя.

3. 模糊施事主体的句型

俄语中的一些特殊句型，如不定人称句、泛指人称句、无人称句，以及由被动反身动词、被动形动词短尾构成的句子，只强调动作行为本身，在语篇中很少或者不明确指出施事主体，这实际上是模糊施事主体的句型。因此，很多情况下，需要借助语境分析出施事主体，但有时即使借助语境，也很难准确界定施事主体，如例（14）。

（14）*2009.12.24, НТВ, Первое, "Россия"*

Журналисты: К. Эрнст, О. Добродеев, В. Кулистиков Гость: Д. Медведев

Медведев: Ну и, наконец, третья вещь. Мы смогли всё-таки запустить механизмы поддержки системообразующих предприятий. Ни одно крупное предприятие не находится в состоянии банкротства. Всем **оказана** поддержка, коллективы **трудоустроены**, в тех случаях, когда, допустим, производство на тот или иной период было **остановлено**, **выплачиваются** пособия, **выплачиваются** иные меры финансовой поддержки, ⊥ **выделяются** иные меры финансовой поддержки.

在例（14）中，三处被动形动词短尾（оказана, трудоустроены,

остановлено）和三处被动反身动词（выплачиваются，выплачиваются，выделяются）的施事主体都没有被指出："给予支持"的主体是谁？"安置工作"的主体是谁；"停止生产"的主体是谁；"支付津贴"的主体是谁；"支付其他财政支持措施"和"给予其他财政支持措施"的主体是谁；具体是哪些人、哪些部门实施了上述这些行为，即使借助语境也很难判断。在对 Медведев 的这篇访谈中，使用该类模糊施事主体的句型多达 142 处。

4. 隐喻

Lakoff 和 Johnson 将概念隐喻界定为"通过另一类事物来理解和经历某一类事物"（王寅，2007：403）。隐喻具有模糊性的特点。一方面，隐喻意义与字面意义两者之间具有程度性和模糊性；另一方面，本体和喻体之间、字面意义和隐喻意义之间既具有矛盾性又具有相似性，这使得隐喻说法具有程度之别，所以产生的隐喻意义具有模糊性（王寅，2007：462）。

在政治访谈交际中，政治家经常使用隐喻表示会话隐含，尤其在评论一些负面现象时更是如此，如下文中的 голое поле（光秃秃的田地）、морская свинка（豚鼠）、служанка（女仆）。

1）Мы не имеем ничего, у нас **голое поле** в законодательной базе по решению важнейших социальных проблем.

2）Вот консервативная модернизация — это то же самое, что и **морская свинка**.

3）Миронов: Кстати, недавние слова бывшего видного «Единоросса» господина Лужкова, который на следующий же день после того, как перестал быть членом «Единой России», сказал, что партия «Единая Россия» — это **служанка**, мне кажется, это очень красноречивый факт саморазоблачения этой партии изнутри. (2010.10.08, Радио Свобода, программа «Лицом к лицу»)

作为模糊策略的隐喻与言语攻击的隐喻有所不同。前者利用本体和喻体之间似是而非的联想意义模糊其词；后者则利用字面意义与隐喻意义之间的语义联系，加强情感表现力。二者的语用差别最终取决于语境。

5. 间接言语行为

间接言语行为是"通过实施另一种施事行为的方式间接地实施某一种施事行为"（Searle，1979：31），因此听话人首先要了解句子的"字面语力"，然后由"字面语力"再推导出"间接语力"，即句子间接表达的"施事语力"。间接言语行为的实施一方面可以体现说话人的礼貌，另一方面说话人只表达了"字面语力"，将言外之意的理解和解释留给了听话人，因此听话人也相应地为该话语引起的后果承担一部分责任，从而使说话人处于进退自如的主动地位。

法国政治家、外交家塔列朗曾说过，外交官的一张嘴就是用来掩盖自己的思想的。Wilson 认为，多数政治语言依赖隐含意义而非事实的陈述（Wilson，1990：7）。由于政治交际受到多种政治因素与语用因素（礼貌原则、面子问题等）的影响，政治家经常运用这种间接言语行为。

(15) *2006. 10. 16，Радио Маяк，программа «Панорама»*

Журналист：Л. Маликова *Гость*：Г. А. Зюганов

Зюганов：У нас везде в городах большая прибавка, в Нижнем Новгороде за нас почти треть голосовала, никогда этого не было. И одновременно мы провалились в русской классической Липецкой области, где 97 процентов русских. Почему? Потому что 19 губернаторов, ⊥ 8 губернаторов и 20 мэров заставили идти во главе списка, и ни один из них не пошел в местный совет. ① <u>Зачем Миронов пошел в совет в Липецкой области?</u> ② <u>Его портретами всю область увешали, они стоят, наверное, больше, чем всем ребятам выдать учебники и книжки бесплатно.</u> ③ <u>Зачем он пошел дурить</u>

граждан на эти выборы? Мы официально сейчас готовим протест, в том числе и в Конституционный суд, что это абсолютно незаконные операции, когда главная исполнительная власть идет в местные советы для того, чтобы протащить удобных людей и самим потом уйти оттуда. Это же совершенно ненормально.

在例（15）Зюганов 的答话中，①和③是提问言语行为，②是陈述言语行为。但仔细分析这三句话的内容以及下文 Мы официально сейчас готовим протест... 可以推导出，Зюганов 的隐含意义是"Миронов 的这种做法十分错误、不合法"。因此，上述的提问言语行为和陈述言语行为实际上表达的是谴责和抗议的动机。

（二）汉语政治访谈中模糊策略的表现方式

在汉语政治访谈中，模糊策略的表现方式大致可以概括为以下几类。

1. 模糊语词

主要指指称模糊："我们""大家""一些""有些""有关""相关"等。

2. 模糊限制语

其一，情态类模糊限制："可能""也许""恐怕"等。

其二，修饰类模糊限制：包括表示程度的模糊词（不完全、大体上等）；表示数量的模糊词（大概、几乎、左右、多、超过、以上、很多、一些、一部分等）；表示时间的模糊词（最近、近来、近期等）；表示方式的模糊词（总的来说、总之等）。

其三，认知类模糊限制："我认为""我应该说""我们感到""我想""我觉得"等。

3. 隐喻

隐喻也是汉语政治话语中模糊策略的重要表现方式之一，如"抢通生命线""深入一线"等。

①主持人：周主席啊，我本人也是农村出生，然后现在几乎每一年我过年回家，我的那些就是小时候的那些伙伴，现在都面临一个困惑，好像除了进城打工没有别的出路，到现在为止他们还是有这种想法。就是说看不到这种致富的希望。然后您觉得这种新一轮改革会给他们带来一些希望吗？

②周铁农：我觉得希望是会有的。但是这个路程应该说还是比较漫长的，不是短期内就能够解决得了的。中国的农业呢，有一个很大的特点，就是耕地面积比较少，但是农业人口比较多。这个农业人口多的原因就是因为中国的城市化进程比较缓慢，工业化的进程比较缓慢，不能把更多的农业劳动力吸收到城市来，吸收到工业或者其他服务领域里面来。所以解决农村问题，单靠农村不行是吧。要靠其他产业的发展，要靠第二产业、第三产业的发展。这样可以使大量的农村劳动力啊，剩余劳动力转移到其他别的产业里面去。

在例（16）的答话中，出现了一些模糊限制语，如"我觉得""比较漫长的""比较少""比较多""比较缓慢""大量的"等。

（三）俄汉语政治访谈中模糊策略比较

比较俄汉语政治访谈中的模糊策略，不难发现有以下相似之处：都运用意义相对模糊的语词；都运用模糊限制语：情态类、认知类、修饰类；都运用隐喻作为模糊策略的手段。

中国与俄罗斯两国政治文化的差异决定了俄语政治访谈的功能多于汉语政治访谈的功能。除政治信息的传播功能外，俄语政治访谈还积极地发挥着政治分化、政治攻击等功能。因此，俄语政治访谈的互动方式更为多样，模糊策略的使用频率相应地高于汉语政治访谈，模糊策略的语用手段也多于汉语政治访谈。

（四）模糊策略的语用功能

模糊语言在政治交际中起着重要的作用。政治家使用模糊策略，同运用闪避策略一样，都是顺应语境的结果。虽然在不同的语言体系中，模糊策略的表现方式存在一定的差异，但是在俄汉语政治访谈话语中，模糊策略的语用功能是一致的。首先，模糊策略保障了政治访谈交际互动的顺利进行。因为在访谈中，政治家有时会被问到不是其确切掌握或者其不愿意透露的信息，在这种情况下，如果政治家缄口不语，就必将造成交际失败的后果，正是模糊策略使访谈交际得以继续进行。其次，模糊策略的运用可以取消或削弱政治家话语的语力，使政治家达到避免承担责任、进行自我保护的目的。再次，模糊策略是政治家操控大众意识的主要工具之一。政治家通常模糊不良信息，掩饰不利事实，控制大众的意识。最后，模糊策略还可以起到表现委婉、礼貌的效果。

三 自我展示策略

对自我展示（самопрезентация，selfpresentation）的研究可以追溯到美国著名社会学家 Goffman。他在《日常生活中的自我表现》（1959）一书中提出，"印象管理就像戏剧"。他认为，互动中一方的兴趣在于控制别人的行为，使对方通过对自己行为的理解，做出符合自己计划的行为反应（欧文·戈夫曼，2008）。近半个世纪以来，有关自我展示的研究在社会学、管理学、心理学和政治学等领域得到迅速的发展，但目前还鲜有著作从语言学角度研究自我展示。自我展示可以通过外在的非语言手段（个人的精神面貌、面部表情、衣着打扮等）得以实现，但更多时候需要借助语言手段及技能才能实现。本书将从语用学角度尝试研究政治访谈交际中政治家的言语自我展示策略。

自我展示（самопрезентация）是"旨在创造良好或符合某人理想标准印象的自我表现行为"（Юрина，2006）。在政治交际中，政治家总试图展示自己最好的、对自己最有利的一面，创造、修改和保持民众对自己的印象，努力赢得民众的喜爱及支持。

当代政治交际的特点之一是以大众传媒为媒介。多数民众很少与政治家有直接的接触。政治家通常借助广播、电视、网络等媒介宣传、展示自我，而普通民众则通过这种间接的方式认识和了解政治家。我国学者李玮在《转型时期的俄罗斯大众传媒》一书中指出，1995年，俄罗斯寡头为确保叶利钦在1996年总统大选中获胜，不惜重金从美国请来四位原克林顿竞选班子的专家。1996年的俄罗斯总统大选着实让俄罗斯人领教了西方世界早已明白的一个道理——重要的不是政治家的真实形象，而是媒体把他塑造成什么形象。比如，在美国专家的操纵下，传媒设计出一系列的"舞台政治剧"用以"美化"某些政治家的形象，用"平易近人"来掩盖"嗜酒如命""粗鲁俗气"，同时大量制造和揭露对手的政治生活丑闻（李玮，2005：23）。

如何展示自我、塑造形象，赢得民众的喜爱及支持，这些都成为政治家及政治家幕僚十分重视的问题，因此可以认为，自我展示策略是政治家在访谈过程中运用的重要策略之一。自我展示策略通过各种语用手段得以实现。

（一）俄语政治访谈中的自我展示策略

1. 塑造形象策略

政治"形象"（имидж，来自英语 image）指政党领袖、政治活动家在公众眼中的形象（Василик 等，2001）。

民众对政治家的认识和了解并不是对政治家本人的认识和了解，而是对政治家形象的认识和了解。在竞选中，大多数选民仅凭直觉，根据对候选人形象的总体印象做出选择，而不会去批判性地分析众多政治口号及政治纲领，不会去仔细研究候选人的生平、性格特点等。因此可以看出，政治家的形象直接影响其声望和支持率，形象的塑造成为政治家事业成功与否的关键因素。

分析15篇俄语政治访谈，可以发现几种典型的俄罗斯政治家的形象。这些形象都是借助语言系统所提供的相关的功能语义场（функционально-семантическое поле）的手段和这些手段的语用塑造起来的。

第一，"爱国者"。政治访谈中很少使用 я патриот 这种直接的表达方式，通常使用 родина、государство、наша страна、народ、нация 等相关功能语义场的语言手段，间接地塑造"爱国者"形象。如例（17），Медведев 在答话中使用了 наша страна、национальный характер、возродить страну、управляться с новым государством 等词语，营造了"爱国"的主题（见①处），凸显"爱国者"的形象。

（17）2009. 12. 24，НТВ，Первое，«Россия»

Журналисты：К. Эрнст，О. Добродеев，В. Кулистиков　Гость：Д. Медведев

Медведев：Олег Борисович，**нашей стране** легко никогда не жилось. Это и сформировало наш **национальный характер**，я в этом абсолютно уверен. Вот то，что мы живём в огромном государстве，в очень сложных климатических условиях，где для обеспечения абсолютно элементарных нужд подчас нужно совершать подвиги：холодно，трудно выращивать урожай，— всё это формировало **национальный характер** на протяжении столетий，плюс войны，социальные катаклизмы. ①Поэтому считать，что за последние 150 лет произошло что-то，радикально изменившее отношение наших граждан к жизни，подорвавшее их волю жить，это，на мой взгляд，абсолютно не так. И если бы это было именно таким образом，мы бы тогда，извините，и Великую Отечественную Войну проиграли，и не смогли бы **страну возродить**，и даже не смогли бы **управляться с новым государством**.

第二，"强有力的领导者"。"强有力的领导者"形象通常由政治家通过陈述自己的工作成就来塑造。语用上采用陈述、引证及修辞手段重复等。如例（18），这些手段的综合运用，营造了"在十分艰苦的条件下保持了城市发展"这样一个"强有力的领导者"形象。

(18) *1993. 08. 28, Радио Свобода, «Лицом к лицу»*

Журналисты: *М. Дейч, Д. Мажелова, Л. Колодный   Гость*: *Ю. Лужков*

Лужков: Так вот все-таки мы **удержали город** в сложнейших условиях. Мы **удержали город**. Депутат Верховного Совета（я не буду говорить, кто это был, это в общем, достойный человек сам по себе）, на Верховном Совете когда собралась целая группа комиссий заслушивать мой доклад о положении в Москве... Я сделал полуторачасовой доклад. <u>И один депутат, выступая, сказал: «Мы ожидали, что в Москве будет голод. Мы ожидали, что в Москве зимой не будет тепла. Мы ожидали, что в Москве провалится строительный комплекс и люди не будут обеспечиваться жильем. Мы ожидали, что в Москве перестанет работать транспорт. Но, к сожалению, ничего этого не случилось». Вот такой каламбур. Причем у него это вырвалось. Так вот, все-таки, то есть все, кто ожидал, что город развалится, экономика и хозяйство его развалится, не получили долгожданных результатов.</u>

Я считаю полезным то, что мы не уменьшили объемы строительства жилья, мы увеличили объемы ремонта дорог, ввода теплоэнергетических и так далее, то есть систем городского хозяйства. Я считаю, что мы хорошо работаем с культурой, помогли ей.

第三,"公平正义的捍卫者"。塑造该形象的手段通常是直接或间接的承诺言语行为。如在例（19）中，Немцов 指出，如果当选总统会解决的一系列不合理现象：调查一些人及其亲信的腐败活动、恢复地方领导人直选、恢复地方自治等。

(19) *2011. 01. 16, радиостанция «Эхо Москвы».*

Журналист: Е. Альбац *Гость*: Б. Немцов.

Немцов: Значит первое, что я бы сделал — я бы отменил цензуру. Второе: я бы провел расследование коррупционной деятельности Путина и его окружения, в том числе, «Транснефти», «Газпрома», госкорпораций. Я бы провел расследование, как его дружки из кооператива «Озеро», которые имели там дачные домики и по 6 соток земли, — практически все оказались долларовыми миллиардерами.

Кроме того, я бы вернул в страну выборы, в том числе, выборы губернатора — я сам был выбран губернатором и знаю, чем отличается избранный губернатор от назначенного. Я бы вернул в Россию местное самоуправление, естественно, закрепил бы за регионами финансовую базу для того, чтобы они могли решать проблемы, в том числе, борьбу с пожарами, в том числе, борьбу с ледяным дождем. Это же позорище, когда у нас сплошные катастрофы в стране ровно из-за того, что г-н Путин, уничтожив собственное местное самоуправление и выборность губернаторов, тем самым полностью парализовал управление страной.

以上分析了15篇政治访谈中所体现的俄罗斯政治家的主要形象。须指出的是，俄罗斯政治家形象不局限于此，还有"平民"形象、"预言者"形象等。

2. 区分异己策略

"自己—异己"（свой—чужой）是说话人以自我为中心，根据个人评价标准将外部世界进行的范畴化。Е. В. Кишина指出，政治话语中"自己—异己"的范畴化主要依据三个因素：社会地位（социальный статус）、政治立场（политическая позиция）和民族因素（этнический фактор）。这三个因素既可以成为"自己"范畴的内容结构成分（мы, рабочие, учителя, крестьяне, коммунисты, патриоты, русские люди），也可以是"异己"范畴的内容结构成分（чиновники, правящий класс, лжедемократы, левые, зюгановцы, фашисты, лица кавказской национальности）（Кишина, 2009：47-52）。须指出"朋友—敌人"（друг—враг）、"我们—他们"（мы—они）、"我们的—他们的"（наш—их）都是由"自己—异己"（свой—чужой）派生的对立概念。

E. И. Шейгал 指出，"自己—异己"二元对立（或"敌我"二元对立）是政治话语的实质性特征，就像道德中的"善恶"对立以及美学中的"美丑"对立。从功能角度来看，政治交际由三部分组成：形成及解释政治观点、寻找并团结支持者及与反对派斗争（Шейгал, 204：112）。因此在政治访谈交际中，政治家在阐述政治观点的同时，也尽可能地争取和团结支持者，发挥政治话语的整合、协同功能，诋毁或攻击政治反对派，发挥政治话语的分化功能。

О. С. Иссерс（2003）研究了"自己人"（свой круг）的语义范畴，区分出八种语言表达方式。E. И. Шейгал（2004）分析了整合符号（знаки интеграции）和攻击符号（агональные знаки）的特殊标记和非特殊标记。结合两位学者的研究，本书分别分析政治访谈中区分"自己"和"异己"的语用策略。

第一，"自己"的语用。

其一，直接指出"自己"的名称。例如：Дело в том, что «узниками совести» признали не только нас с **Яшиным**, но еще и **Лимонова с Косякиным**. (*2011.01.16, радиостанция «Эхо Москвы»*) 这里说话人根据"是否是政治犯"，将Яшин、Лимонов及Косякин与自己归为同类。

其二，包含类的"我们"。前文指出，"我们"（мы）有两类含义，其中一种包括说话者。Б. Ю. Норман（2002）在分析包含类的"我们"时，列举了属于"我们"的一系列角色：和"我"性别一样的人；

和"我"年龄相仿的人；和"我"生活在同时代的人；与"我"心灵相近、有共同理想的人；和"我"是邻居的人；"我"认识的人；和"我"说话、交谈的人；和"我"职业相同的人；和"我"宗教信仰相同的人；和"我"共同学习的人；受"我"教育、教导的人；"我"帮助的人；"我"同情的人；"我"给予建议的人。可以看出，"我们"可以在诸多方面成为"自己"。尤其在政治话语中，"我们"的语用会使听话人产生集体感、认同感，充分体现了政治话语对社会群体的整合、协同功能。例如：**Мы** играем инициативную роль в ООН. **Нам** принадлежит целый ряд инициатив такого принципиального, фундаментального характера, которые **мы** выдвигаем уже на площадке Генеральной ассамблее и с каждым годом **мы** получаем все большую поддержку этих инициатив, некоторые из них поддерживаются консенсусом. (*2010. 07. 04*, «*Комсомольская правда*»)

其三，表示"共同、一致"意向的词语，如 вместе、все、наш、единство、единый、объединение 和 с вами 等。例如：Что касается, что касается КПРФ, обновили программу, признали многоукладную экономику, хотя считаем, что государственный сектор должен быть мощный и позволять **всем** достойно жить и работать. (*2006. 10. 16*, *Радио Маяк*, *программа «Панорама»*) 这里 позволять **всем** достойно жить и работать（可以使所有人体面地生活和工作）会使听话人产生一种感觉：说话人属于我们中的一员，在关注与我们利益相关的问题。

其四，特殊的称呼语，如 друзья、товарищи、сограждане、россияне 和 коллеги 等，表明说话人也属于具有该特征的集体，即"我们是同类"。例如：Уважаемые **москвичи**, давайте будем следить за собой, давайте будем хотя бы в элементарном плане соблюдать культуру и не бросать, не выбрасывать. (*1993. 08. 28*, *Радио Свобода*, «*Лицом к лицу*»)

其五，语法形式：第一人称命令式，表示说话人要求对方和自己共同进行某一行为。例如：Значит, **давайте раскрутим** остальные проблемы — решим проблему и уборки Москвы. Работает дворник. **Возродим** дворника как такового. （*1993.08.28, Радио Свобода, программа «Лицом к лицу»*）

第二，"异己"的语用。

其一，直接指出"异己"的名称。例如：А нынешняя «**Единая Россия**» она взяла американскую модель либеральную, распродает все налево и направо, почти ничего не строит, за пять лет ни одного современного завода не построено. А для того, чтобы удержаться на выборах у власти, одна подпорка у партии власти — **Жириновский** с его эпатажем и хамством, а другую в лице **Миронова** выстраивают, которого выпустили на левое поле, хотя он всю жизнь голосовал и сам лично за последние проделки «Единой России». （*2006.10.16, Радио Маяк, программа «Панорама»*） 这里 Единая Россия、Жириновский、Миронов 都是说话人的"异己"。

其二，带有"异己"成分的词语，如 эти、они、там、бывшие、заграничные 等。在使用这些词语时，说话人通常有"他们"在"我们"之外的感觉。例如：Вот **они**（指«Единая Россия»成员——作者注），например, прописали закон, что победившая партия вносит кандидатуры на пост губернаторов, и только **они**. （*2010.10.08, Радио свобода, программа «Лицом к лицу»*） 这里的 они，尤其句末的 и только они 明确表明，они 属于 чужие。

其三，对反对派的不信任标记，如 якобы、так называемый、вроде 等不确定表达。Е. И. Шейгал 描绘出此类用法表示"异己"的意义偏移链：怀疑、不信任的→潜在危险的→别人的、陌生的→敌人（Шейгал, 2004：122）。例如：Я выступал, кстати. Президент **вроде**

бы и слушает, а мер не принимает. Я выступал и сказал, что этот закон — мина под общественностью.（2006.10.16，*Радио Маяк*，*программа «Панорама»*）

其四，通过隐喻指称反对派。政治访谈中政治家经常使用各种动物隐喻、拟人隐喻、刑事犯罪隐喻等。例如：После этого мероприятия организаторы и участники побежали жаловаться. А куда они пошли, мы помним — они пошли к Белому дому, они пошли к своему «**папе**». Теперь этот самый, как говорится, **прародитель** этого безобразия организовывает комиссию, во главе этой комиссии был предложен человек, который активно принимал участие и организовывал вот это побоище.（1993.08.28，*Радио свобода*，«*Лицом к лицу*»）其中的拟人亲属隐喻 папа、прародитель 系指反对派。

（二）汉语政治访谈中的自我展示策略

汉语政治访谈中，中国政治家的自我展示策略主要体现为塑造"形象"策略。分析15篇汉语政治访谈，可以发现中国政治家的几种典型形象。

第一，"中央精神的拥护者和践行者"。

在访谈中，国内政治家往往通过陈述言语行为着重宣传自己或自己所代表的机构的政绩，来凸显其"中央精神的拥护者和践行者"的形象。例如："关心民生啊，改善民生，是我们党和政府，应该说是坚持的一个宗旨吧，尤其是党的十七大报告对于关注民生、改善民生提出了特别的要求。那么作为地方政府应该把这个关心民生、改善民生落实好。那么陕西呢，本身应该说是一个经济发展滞后的一个省份，我们现在到2007年……"（2008.03.06 CCTV）

第二，"人民利益的维护者"。

该类形象的塑造常与一些具有中国政治特色含义的词语相关，如"民生""住房""就业""教育"等。需要强调的是，这些词语的政治含义纯属语用层面，它们的政治含义不同于政治术语（试比较"国际政治""政策""党"等），不属于语义系统，是在具体交际语境中获得的。"民生""就业"在20世纪80年代以前没有政治含义，"住房""教育"在谈论家庭问题的日常口语中也没有政治含义。只有在政治家的口中，它们才获得特殊的含义，对凸显各级政府的业绩、政治家的形象起到其他词语无法替代的作用。例如："我关注的是就业问题，特别是女性的就业问题。因为就业问题本身就是我们民生的一个最大的问题之一。那么从我们国家的状况来讲呢，就业一直是一个比较严峻的问题，因为我们人口多嘛，这个就业人口也多。那么女性呢在就业当中也受到一些不公平的待遇，有些单位它们就歧视女性，其实这是违法的。"（2010.03.01 人民网）该例中受访者形象的塑造与"就业""女性""民生"等具有特殊政治含义的词语相关。

第三，"强有力的领导者"。

该类形象通常在政治家的工作成就上得到反映。形象的塑造完全通过言语行为实现。例如："在这里我也可以欣慰地告诉大家，我们去年为市政府承诺的十件事情都已经圆满地完成，比如说我们投资了500多万修通了老城区的18条小街小巷的泥巴路，#解决了城区老百姓出行难的问题，同时我们还在城市全市扩大了农民的养老保险试点，推进医疗卫生体制改革，进一步改善农村教育的这个教学生产条件，解决农民的安全饮水问题，等等，等等。所以十个方面，那么在今年我们刚刚结束的两会上，我们也向天门全市人民也正式地做了一个报告，给⊥可以这样说吧，给全市人民给了一个满意的交代。"（2011.03.09 CCTV）

（三）俄汉语政治访谈中自我表现策略的比较

比较俄汉语政治访谈中自我策略表达形式的使用情况，不难发现有以下相似之处：中俄政治家都运用塑造形象策略；中俄政治家共同的形象是"强有力的领导者"形象。

由于两国政治文化的差异，俄汉语政治访谈的自我表现策略存在一些差异。除了共同的"强有力的领导者"形象，俄罗斯政治家的典型形象还有"爱国者""公平正义的捍卫者"形象；中国政治家的典型形象还包括"中央精神的拥护者和践行者"及"人民利益的维护者"形象。除了共同的塑造形象策略，俄罗斯政治家还运用了划清"敌我"策略，而这一策略在汉语政治访谈中很少见。

俄汉语政治访谈自我表现策略的相同点表明了政治话语的普遍性特征：在争夺和维护政治权力目的的驱动下，政治家会尽力展示对自己有利的一面，团结一切可以争取的力量，赢得更多民众的支持和喜爱。而自我表现策略的不同点则反映了两国在政治文化上的差异。А. К. Михальская 在分析政治领导人的言语角色和言语行为时，将政治领导人分为两类，即获得权力的领导人（литер, достигший власти）和争夺权力的领导人（литер, борющийся за власть），并指出两类领导人不同的政治交际目的。前者的目的是稳定社会，创造稳定感；后者则恰恰相反，其目的是动员大众，制造危机感，需要积极行动（Михальская, 1996：91）。中俄两国政治体制不同，这种体制的差异势必体现在两国政治家的语言上。А. К. Михальская 的这种方法对我们分析两国政治家语言的差异具有借鉴意义。（详见本书第五章）

以上分析了政治访谈中比较典型的三种语用策略：闪避策略、模糊策略和自我展示策略。正如钱冠连所述，"语用策略是一个开放的系统，永远也不可能概括穷尽"（钱冠连，1997：182）。政治访谈的语用策略也不仅限于上述三种，还有一些策略本书没有进行详细分析，如论证策略、改变议题策略等。

第三节　小结

本章分析了与意向性有关的政治访谈的特点。访谈双方的交际意向

第四章 政治访谈的意向分析

不同,其言语行为和语用策略也不同。受媒体机构规则的制约,记者的意向行为具有程式化、单一性的特点,其言语行为服务于政治信息的传播、政治家话语的解读。一般情况下记者避免与政治家进行个性化的言语互动,避免运用与访谈程序无关的语用策略。与记者不同,政治家是政治话语功能的行使者,其对政治话语的社会功能和话语的社会效应有着更为强烈的意识,这种意识促使他要充分利用自己的话语权。同时,大众传媒的机构规则和政治话语的机构规则对政治家的话语有着双重制约性,使其在实施自己的意向行为的过程中伴有这样或那样的策略考虑。

本章分析了政治访谈中的解释言语行为。解释言语行为是指在反应对语中理解(解释)交谈者前述话语中命题内容的行为。该行为是对交谈者前述话语的命题内容进行澄清、重新叙述和求证。解释言语行为常用的话语标记语主要有四种:推导性标记语、内容一致标记语、对前述话语者态势进行说明的标记语和对解释者态势进行说明的标记语。针对 И. М. Кобозева 的解释言语行为理论提出了修正。(1)把说完整型解释言语行为看作追问,排除在解释言语行为之外。(2)将解释言语行为的语义类型修正为:指称、同义、压缩、扩展。将俄汉语政治访谈进行比较,汉语政治访谈中复合型问答对的使用率较低,造成了汉语政治访谈中解释言语行为的使用频率较低。笔者把解释言语行为在政治访谈中的语用功能概括为三点:话题聚焦、话语衔接和人际功能。

本章分析了言语攻击的性质、语用及其在政治话语中的功能,指出,言语攻击不是独立的言语行为,而是通过其他间接言语行为实施的或其他语用手段表达的交际意向,表现为一种冲突型的言语互动方式。把言语攻击界定为:一种以贬损攻击对象为目标的、以语用逻辑为基础的冲突型言语互动。言语攻击在政治访谈中有六种角色关系,其中,政治家攻击政治反对派个人和团体的情况最普遍,体现了政治话语的分化功能。政治攻击的意向在语用上表现为指责、抱怨、威胁、嘲讽、贴标签等言语行为和否定评价、隐喻等语言资源的运用。

　　本章总结了政治家的三种语用策略：闪避策略、模糊策略和自我展示策略。对闪避策略做了定量分析。研究表明，闪避策略是政治访谈中使用率最高和最有效的语用策略。明示闪避和暗示闪避都是中俄两国政治家较常使用的策略，其中都以使用答非所问、转移焦点的手段最为频繁。同时，俄罗斯政治家闪避策略的使用频率远远高于中国政治家。模糊策略在政治访谈中起着重要的作用。它保障了政治访谈交际互动的顺利进行，同时可以取消或削弱政治家话语的语力，使政治家达到避免承担责任、进行自我保护的目的。俄汉语政治访谈模糊策略的表达形式既有相似之处，也有不同点。自我展示、塑造政治形象是两国政治家共同的策略。"强有力的领导者"是两国政治家共同塑造的语用形象。"爱国者"及"公平正义的捍卫者"则是俄罗斯政治家努力塑造的语用形象；"中央精神的拥护者和践行者"与"人民利益的维护者"为中国政治家努力塑造的语用形象。俄罗斯政治家所用的区分异己策略在汉语政治访谈中很少见。如果说闪避策略和模糊策略都是交际者对语境的顺应性调整，那么自我展示策略则是出于政治交际目的的需要。

第五章
政治访谈的政治文化语境

第一节 语境与宏观语境

任何语言的运用都是在特定的环境中进行的,我们把这种环境叫作语言环境,简称语境。语境是现代语用学和语言交际理论中一个基本的和核心的概念。西桢光正说:"语言,特别是语言的应用,因其是活的,这才显示出了语境的重要作用。不问语境,是永远也不可能真正地认识和充分地使用语言的。"(王占馥,1995:序)

关于语境的功能,语言学家们基本上已达成共识:"即释义和制约的功能。释义功能指语境可用于解释传统语义学无法解释的语言意义;制约功能指语境对交际双方在语言使用上的制约作用。"[陈丽江(a),2007:33]。

一 语境的分类

20世纪20年代,波兰籍人类语言学家 B. Malinowski 提出了文化语境(context of culture)及情景语境(context of situation),前者指说话人生活于其中的社会文化背景,后者指言语行为发生时的具体情境(索振羽,2000:18)。英国语言学家 J. R. Firth 认为,语境不仅包括一句话的上下文(context),而且还包括语言的社会环境及语言和社会环境之间关系构成的情境上下文(context of situation)(索振羽,2000:

18~19)。Halliday 等提出语域（registers）这个术语，实际上就是语境。他把语域分为三个方面：话语的范围（field）、话语的方式（mode）、话语的风格（tenor）（Halliday, Hasan, 1976：22）。荷兰语言学家 van Dijk 把语境理解为语言环境，即上下文；发生言语行为时的实际情况；文化、社会和政治因素（戴伊克，1973：7）。

俄罗斯语言学家 В. Г. Гак（1973）对语境进行划分，认为语境应包括：交际双方共有的背景知识、交际的意图、时间、地点和环境等因素，以及双方的关系。《俄罗斯语言学百科词典》把语境分为纯语言语境（собственно лингвистический контекст）和语言外语境（экстралингвистический контекст）。语言外语境即交际情景（ситуация коммуникации），包括交际条件、周围的事物、交际的时间和地点、参与交际的人及其相互关系等（Ярцева，1990：238）。而 Е. А. Земская 持狭义的语境观，把语境（конситуация）界定为"交际过程中的直接的环境"（Земская，1987：201）。

我国著名语言学家张志公（1982）按内容把语境分为现实的语言语境、现代社会语境和个人语境，并指出"社会语境"指的是一定历史时期社会的性质和特点。何兆熊在《语用意义和语境》一文中从使用语言知识的角度把语境分为语言的知识和语言外的知识，前者包括所使用的语言知识和对语言上下文的了解，后者包括情景知识和背景知识（何兆熊，1992：298）。索振羽认为，语境的研究内容包括三个方面：上下文语境（即 context，由语言因素构成）、情景语境（即 context of situation，由非语言因素构成）和民族文化传统语境（索振羽，2000：23）。

吴郁在分析主持人的语言艺术时，把语境分为三个层次，即把主持人节目的社会语境、文化语境、民族语境、地域语境、时代语境归为一个层次，视为主持人语言的宏观语境；把传媒语境视为主持人的中观语境；把具体一档栏目的主客观情境，视为主持人的微观语境（吴郁，

1999：34~35）。陈丽江也把政府新闻发布会话语的语境分为三种：宏观语境，包括传统文化、现代文明和政治制度；中观语境，包括话语范围、话语基调和话语方式；微观语境即文本上下文［陈丽江（a），2007：34~38］。

由此可见，语境到底包括哪些要素，不同的学者因不同的研究角度而看法不一，但多数语言学家对语境持广义的理解，即语境不仅包括纯语言语境，即上下文语境。本书从范围上把语境分为微观语境和宏观语境，前者指上下文语境，后者指语言外语境。本书第三章、第四章主要从微观语境分析了政治访谈话语，本章将政治访谈置于宏观语境下进行分析。

二 宏观语境

关于宏观语境，学者们的论述因研究角度的不同而不同。

冯广义在《汉语语境学概论》中指出，宏观语境包括言语交际的社会环境、时代背景、自然环境（也称地域风貌），同时又将广义语境细分为社会语境、自然语境、人文心态语境。社会语境是社会语言学提出的一个概念，指的是由于社会变革、时代变化而形成的语境。人文心态语境包括民族文化心理与个人文化修养两方面（冯广义，1998：95~100）。陈晓红指出，宏观语境包括社会环境、时代背景、自然环境及交际的各种因素，如时机、场合和交际人的情况等（陈晓红，2006：49~50）。陈丽江认为，政府新闻发布会话语的宏观语境包括：传统文化、现代文明和政治制度［陈丽江（a），2007：34~38］。

王均松（1993：67~75）在论述社会文化环境时指出，社会文化环境的横向系统包括社会政治环境、社会经济环境、社会心理环境、民族道德观念、民族信仰和礼仪制度、民族风俗和生活习惯以及民族文化典籍和艺术，纵向系统包括历史的文化传统和现代的文化环境。

由此可以看出，宏观语境所涵盖的范围很广，是一个由历史文化、政治体制、道德观念、民族精神、教育体制及法律体制等社会因素构成的言语交际的社会大环境。政治和文化是宏观语境不可或缺的组成部分。从大众传播学角度看，广播电视传播是社会系统的一个子系统。在社会这个大系统中，广播电视传播必然受到社会系统的其他子系统的影响和制约，如社会的政治、经济、文化等（吴郁，1999：32）。因此，我们研究政治访谈交际，不能脱离政治访谈的存在空间和传播过程中各个子系统及其要素对政治访谈参与者的影响。

第二节　俄汉语政治访谈的政治文化语境

一　政治语境对政治访谈的影响和制约

李珂在分析新中国成立以来的公文与政治语境时指出，政治语境由一定历史时期的政治指导思想、政治制度、经济生活、文化教育等因素构成。它蕴含着两方面的意思，一方面，政治背景虽然隐藏在交际过程的背后，但可以用公文语言使其呈现出来；另一方面，存在于交际过程背后的政治背景会影响公文的表达（李珂，2010：9）。

政治语境是宏观语境的重要组成部分，它是指受政治因素制约的语言使用环境，而政治访谈的政治语境主要包括国家政治制度和大众传媒制度。

（一）俄罗斯的政治语境与中国的政治语境

"俄罗斯是一个共和制的民主联邦法治国家，承认意识形态多样性，任何意识形态不得被确立为国家的或必须服从的意识形态，承认政治多样化、多党制。"[1] 而我国是"工人阶级领导的、以工农联盟为基础的人民民主专政的社会主义国家"[2]，"中国共产党领导的多党合作和

---

[1] Конституция Российской Федерации, http://constitution.kremlin.ru/.
[2] 《中华人民共和国宪法》, http://www.gov.cn/govweb/test/2005-06/14/content_6310.htm。

第五章 政治访谈的政治文化语境

政治协商制度是我国的一项基本政治制度。中国共产党是社会主义事业的领导核心，是执政党。各民主党派是接受中国共产党领导的亲密友党，是参政党"①。胡正荣指出，"所有社会制度都要对它们的媒介进行控制，往往控制在一定的社会团体手中，通常是统治阶级手中。因此，社会制度决定了传播制度"（胡正荣，1997：27）。俄中两国在政治制度上的差异决定了两国的传播制度和传播功能不完全相同。

俄罗斯宪法规定："保障每个人的思想和言论自由。保障舆论自由。禁止新闻查禁。"② 以宪法和《传媒法》为中心的俄罗斯传媒法律体系，是仿照西方社会所谓的传媒自由原则所制定的（李玮 2005：55）。苏联解体引起的政治制度剧变不可避免地影响俄罗斯传媒的方方面面。在所属关系上，多主体、多元化的所有制格局已经形成。如今的俄罗斯传媒市场，已经形成以国家传媒为主、社会组织传媒和私有商业机构（包括外国传媒）为辅的三足鼎立格局。在经济结构上，当今俄罗斯传媒从苏联时期的事业拨款向市场化转变。在传媒管理上，从苏联时期金字塔式的垂直管理模式转变为互助合作的平行协作模式。在传媒功能上，苏联时期政治报道的中心地位让位给商业广告、信息传播和生活娱乐节目。

在我国，自 1940 年延安新闻广播电台诞生以来，便鲜明地确立了传媒的宗旨——党和人民的"喉舌"。20 世纪 80 年代，中央文件明确指出："广播电视是教育、鼓舞全党、全军和全国各族人民建设社会主义物质文明、精神文明的最强大的现代化工具，也是党和政府联系群众最有效的工具之一。"③ 中国新闻机构的特点是"事业性质，企业管理"，"强调事业性质，是为了维护国家对传媒的控制，强化传媒的政

---

① 《中共中央关于坚持和完善中国共产党领导的多党合作和政治协商制度的意见》，http://www.cppcc.gov.cn/2011/09/06/ARTI1315304517625143.shtml。
② Конституция Российской Федерации, http://constitution.kremlin.ru/.
③ 中发［1983］37 号文件《关于批转广播电视部党组〈关于广播电视工作的汇报提纲〉的通知》，《广播电视简明词典》，中国广播电视出版社，1989。

治属性，要求它在政治上与党中央保持一致，发挥好舆论引导者的作用；强调企业化管理，是为了充分发挥它的经济职能，令其创造出有益于国家的巨大经济财富"。（李玮，2005：164）也就是说，新闻媒体在政治上必须坚守党性原则，在经济上可以依照社会主义市场经济规律行事。

（二）政治语境对政治访谈话语功能的影响和制约

政治语境对政治访谈的影响和制约突出地反映在政治访谈的话语功能上。

作为政治话语的一种特殊体裁，政治访谈具有政治话语的一般功能。А. П. Чудинов 在 Р. Якобсон 区分语言功能的基础上，结合具体的政治交际领域，区分出政治交际的七大功能：认知功能、交际功能、鼓动功能（或调节功能、工具功能等）、情感功能、元语言功能、寒暄功能和审美功能（Чудинов，2007：81–89）。Е. И. Шейгал 认为，政治话语的主要功能是其作为政治权力（争夺、掌握、维护、实现、稳定或分配权力）的工具功能（инструментальная функция），它在工具功能的框架内区分出政治话语的以下功能：社会控制功能（функция социального контроля）、权力合法化功能（функция легитимизации власти）、权力再现功能（функция воспроизводства власти）、导向功能（функция ориентации）、社会团结功能（функция социальной солидарности）、社会分化功能（функция социальной дифференциации）、攻击功能（агональная функция）、行动功能（акциональная функция）（Шейгал，2004：35）。我国学者胡亚云（2002）指出，政治语言的功能为信息传播功能、议题设置功能、阐释与联系功能、行为鼓动功能及政治认同功能。

结合以上学者的观点和政治访谈的体裁特征，我们认为，政治访谈交际中凸显以下四种功能：交际功能、行为鼓动功能、整合功能和分化功能。

第五章　政治访谈的政治文化语境

交际功能"以传播信息为取向，旨在改变受话人意识中的政治世界图景"（Чудинов，2007：82）。交际功能是政治访谈体裁最基本的功能。政治访谈中记者提问、政治家回答的言语互动模式，都是以向第三方听（观）众和以其为代表的社会公众传播政治信息为目的的。交际功能是俄汉语政治访谈共同的话语功能。

Е. И. Шейгал 指出，动员采取行动是政治话语工具功能最显著的表现（Шейгал，2004：34）。А. П. Чудинов 也指出，动员选民采取具体行动是政治交际的一个重要任务（Чудинов，2007：83）。鼓动可以通过直接的方式实现，比如号召人们积极参与政治活动；也可以通过间接的方式实现，比如告知民众现行的体制如何不好，而另一种政治体制会如何有效，或者通过详细地叙述某一候选人的缺点，间接地影响选民的政治取向。俄语政治访谈中的言语攻击就是政治话语鼓动功能和分化功能的表现，即在争夺和维护政治权力目的的驱动下政治家排除和攻击异己。

Р. Дентон 和 Г. Вудвард 指出，"政治交际具有分裂性，将社会分为敌和友，它可激化矛盾至不可收拾的地步，也可以相反，缓和矛盾"（Denton，Woodward，1985：14）。Е. И. Шейгал 指出，政治交际具有社会团结和社会分化功能（Шейгал，2004：35），也就是政治访谈的整合功能和分化功能。

А. К. Михальская 在分析政治领导人的言语角色和言语行为时，发现获得权力的领导人（литер，достигший власти）和争夺权力的领导人（литер，борющийся за власть）具有不同的交际目的：前者的目的是稳定社会，创造稳定感；后者则恰恰相反，其目的是动员大众，制造危机感，鼓动采取积极行动（Михальская，1996：91）。А. П. Чудинов 在分析政治交际的交际功能（коммуникативная функция）时也指出，政治反对派的支持者通常强调信息的负面性，将失败的责任归咎于政权机构，同时提出下一步工作方案，甚至推荐能胜任该工作的政治家。而政权党的支持者却努力吸引人们关注正面信息，把一些事件看作领导者正确决策的结果，他们尽量将负面信息最小化，同时指出不取决于政权机构的一些因素（Чудинов，2007：82-83）。由此可以看出，在争夺和维护政治权力总的交际目的的前提下，获得政治权力的政治家和争夺政治权力的政治家的交际目的有所区别：前者主要努力发挥政治交际的整合功能，创造稳定感；后者着眼于利用政治话语的分化功能，制造危机感。

前文已指出，俄中两国在政治语境上存在着差异，而这些差异在很大程度上导致参与政治访谈的中俄两国政治家与记者不完全相同的言语表现（речевое поведение）。我国政治家以宣传、解释党和各级政府的政策、方针为主，更注重政治话语的整合功能和社会调节功能，而记者也忠实地执行我国大众传媒的机构功能——宣传、解释党和各级政府的政策、方针，交际目标的一致性保证了访谈双方意向行为的合作性，充分体现了政治访谈话语的社会整合功能。而在多党制的政党体制下，俄罗斯政治家则积极争夺和维护政治权力，具有较强的政治分化、攻击异己的意识，记者常常充当大众代言人的角色，参政议政意识更为强烈，充分体现了政治访谈话语的整合、分化、攻击、行动的多功能性。

俄中两国政治语境上的差异导致参与政治访谈的两国政治家具有不完全相同的政治交际目的，他们对政治交际的社会功能及社会效果也有不同的认识。此外，政治语境的差异还导致采访记者不同的政治参与意识和积极性，俄罗斯记者较高的政治参与意识和积极性与俄语政治访谈中打断频率较高及"对话性"更强等特征不无相关。

二 文化语境对政治访谈的影响和制约

文化语境指说话人所在的言语社团的历史文化和风俗人情，属于该言语社团的人一般都能理解其在话语中的意义（Halliday，1985）。文化具有一定的稳定性和承继性，一旦形成以后会在人们的头脑中固化，指导着人们以言行事。

儒家思想作为中国传统文化的主导思想，其人文思想的价值导向内化到中国人的精神活动中，成为相应的价值规范和行为准则，被人们认同和遵循。正如康有为所说："中国数千年来奉国教者，孔子也。中国能晏然一统，致治二千年者何哉？诚以半部《论语》治之也。"（汤志钧，1981：732）

儒家讲究"仁、义、礼、智、信"，其中核心的思想是"仁""礼"。孔子把"仁"作为最高的道德原则、道德标准和道德境界。"仁"是整个儒家学说的核心。"己所不欲，勿施于人"也是儒学中"仁"的行为准则，就是告诉我们人与人之间需要互相理解、尊重，不能以自我利益为中心。儒家希望人们能够以"老吾老以及人之老，幼吾幼以及人之幼"（万丽华，2006：14）的"推己及人"原则行事。

何谓"礼"？《释名》曰："礼，体也。言得事之体也。"在孔子的思想体系中，作为观念形态的"礼"是同"仁"分不开的。儒家主张"礼治"，"礼治"的根本含义为"异"，即贵贱、尊卑、长幼、亲疏各有其特殊的行为规范。只有贵贱、尊卑、长幼、亲疏各有其礼，才能达到儒家心目中君君、臣臣、父父、子子、兄兄、弟弟、夫夫、妇妇的理想社会状态。

儒家提倡宽和处世，即主张人与人之间的团结、协作。"和"的内涵是家庭和睦、人心向善、国家安定。"和"的基础是互相包容、共生共长、求同存异。

儒家"仁""礼""和为贵"的处世观念反映在汉语政治访谈中表现为：交际者有较强的第三方参与意识、打断频率较低、较少地使用言语攻击，以及区分异己策略、闪避策略、较高的成功率等特征。

第三章分析政治访谈主体部分时指出，俄语政治访谈中含有较多的"对话性"（диалогичность）成分，而汉语政治访谈则具有较多的独白语成分。两种对话方式（диалогическое реплицирование）的差异源于东西方文化传统的差异。如果把春秋战国时期记录孔子及其弟子言行的《论语》与苏格拉底及柏拉图的对话录进行一番比较，便可明显看出两种不同文化传统的影响。

孔子与苏格拉底的思想都是以记录口头言论的形式传播的，但是两者有着质的差异。前者基本上是独白语，后者是真正的对话语。《论语》20篇共500则（李泽厚，2008），大致可分为三类。第一类，由孔子的独白言论或叙述构成，如子曰："学而时习之，不亦说乎？有朋自远方来，不亦乐乎？人不知，而不愠，不亦君子乎？"（李泽厚，2008：24）第二类由学生的问话和孔子的答话构成，如子贡问为仁。子曰："工欲善其事，必先利其器。居是邦也，事其大夫之贤者，友其士之仁者。"（李泽厚，2008：422）第三类由多个话轮构成，如子贡曰："贫而无谄，富而无骄，何如？"子曰："可也。未若贫而乐，富而好礼者也。"子贡曰："《诗》云，'如切如磋！如琢如磨'，其斯之谓与？"子曰："赐也！始可与言《诗》已矣，告诸往而知来者。"（李泽厚，2008：44）第二类虽然表面上是对话的形式，但实际上并不是真正的对话，而是独白，这里的问话只是起到提起话题的作用，实际上是在等待孔子的教诲。因此，从本质上来看，第一类和第二类都属于独白性质，而据笔者统计，第一类有347则，第二类有87则，约占总数的87%。而苏格拉底则通过对话的方式，用反问和反驳的方法使学生在不知不觉中接受他的思想。下面是他和学生问答的例子。

学生：苏格拉底，请问什么是善行？

苏格拉底：盗窃、欺骗、把人当奴隶贩卖，这几种行为是善行还是恶行？

学生：是恶行。

苏格拉底：欺骗敌人是恶行吗？把俘虏来的敌人卖作奴隶是恶行吗？

学生：这是善行。不过，我说的是朋友而不是敌人。

苏格拉底：照你说，盗窃对朋友是恶行。但是，如果朋友要自杀，

第五章 政治访谈的政治文化语境

你盗窃了他准备用来自杀的工具,这是恶行吗?

学生:是善行。

苏格拉底:你说对朋友行骗是恶行,可是,在战争中,军队的统帅为了鼓舞士气,对士兵说,援军就要到了。但实际上并无援军,这种欺骗是恶行吗?

学生:这是善行。(史亚民,1995:147~148)

在这个例子中,苏格拉底全部对话的灵魂都在于提问,而不是回答,在提问中引导学生思考,从而很自然地得出结论,因此苏格拉底与学生的对话是真正意义的对话。

从语言层面对孔子与苏格拉底对话方式进行比较得出的结论,在相关哲学研究中得到了印证:"对孔子与苏格拉底的思维方式的差异,可以概括为:孔子注重方法的探索,对事物一般本质性定义则少有关注,因此在其思维过程中也少有探讨与追问,有的只是具体情境下的说教;而苏格拉底则是在探究事物的本质,通过不断的追问与思索以求得对事物形而上的深入的理解。"(江颖颖,2011:13)

在塑造、构建汉民族文化心理结构的历史过程中,儒学大概起了无可替代、首屈一指的重要作用(李泽厚,2008:1)。因此,汉语政治访谈中的政治家独白、采访记者聆听的互动方式与几千年的文化传统不无关系。

俄罗斯地跨欧亚大陆,处于东方和西方两种历史和文化的相互作用之中。俄罗斯人常常自问,我们是深入欧洲的亚洲人,还是居住在亚洲的欧洲人。Д. С. Лихачев 指出:"我们是欧洲文化的国家,基督教培养我们习惯这种文化。与此同时,我们还接受了拜占庭文化。"(利哈乔夫,2003:6),同时,俄罗斯文化具有欧洲文化的三个特点:个性、多样化和自由(江洲,2002:28~29)。俄罗斯在千年发展过程中,吸纳融合了东方和西方文化的因素,形成了一种开放式的文化。西方人特有的辩论思维深深影响俄罗斯知识分子,从19世纪初的十二月革命党人组织的南方协会和北方协会、彼得堡贵族沙龙、"彼德拉舍夫斯基小组",到19世纪末20世纪初的"星期三"文学社,再到斯拉夫派与西方派的争论,这种辩论、对话的传统被延续着,并且融入了俄罗斯人的思维。俄语政治访谈中的对话性也是这种辩论、对话思维的体现。

А. П. Чудинов 曾指出:"我们缺少包容性,缺少对反对派观点的容忍,我们国家的很多政治领导人和记者特别喜欢侮辱、贬低不同观点的人。"(Чудинов,2007:71)这一点在俄语政治访谈中表现为记者打断被采访人的话,政治家的言语攻击、贴标签、区分异己等语用策略。

俄罗斯人和中国人的思维方式、文化理念等文化语境方面的差异主要体现为两国政治访谈在对话结构言语层面上的不同。可以说,汉语政治访谈的独白体体现了"仁""礼"及"和为贵"的处世理念,而俄语政治访谈的对话性体现了俄罗斯民族的辩论、对话思维方式的特点。

第三节 小结

本章从语境概念谈起,从范围上把语境分为微观语境和宏观语境,前者指上下文语境,后者指语言外语境。大众传媒作为社会系统的子系统之一,不可避免地受到其他子系统的影响和制约,如政治、文化等。因此,研究政治访谈交际,不能脱离其存在的时空和传播过程中各个子系统及其要素对政治访谈参与者的影响。本章主要分析了政治语境和文化语境对政治访谈的影响和制约。

中俄政治体制和政党制度的差异构成了俄汉语政治访谈不同的政治语境,造成两国政治交际的目的和社会功能的差异,与此相关,两种语言的政治访谈在话语功能上有所不同,体现为会话结构功能、交际主体的意向行为和语用策略不同。我国政治家以宣传、解释党和各级政府的政策、方针为主,记者也忠实地执行我国大众传媒机构的功能——宣传、解释党和各级政府的政策、方针，访谈双方最大限度地遵守了合作原则和礼貌原则，突出了政治话语的社会整合功能。俄罗斯政治家则积极争夺和维护政治权利，具有较强的政治分化、攻击异己的意识，记者也具有强烈的参政议政意识，充分体现了政治话语的社会整合、社会分化、攻击性、行动性的多种功能。

在对话方式方面，汉语政治访谈的独白体特征与几千年的文化传统不无关系；而俄语政治访谈的对话体则是俄罗斯民族辩论、对话思维方式的体现。

结　语

本书基于俄汉语料对政治访谈话语做了较为全面、系统的研究。具体来说，有以下特点。

一　把政治访谈视为一种特殊的对话形式，对其进行结构描写和会话分析

政治访谈的对话结构可以分为开端、主体和结尾三个部分。

政治访谈通常由采访记者开始，记者是开端阶段的主导者和控制者。比较俄汉语政治访谈，汉语政治访谈的开头更加突出以下特点：（1）程式化程度更高；（2）节目主持人或记者对个人身份更加淡化；（3）交际双方对第三者参与的关注意识较俄语政治访谈更强。

政治访谈主体部分的单位是问答类对话统一体。政治访谈中的问答类对话统一体被定义为"围绕一个话题记者提问、政治家回答的语义结构统一体"。俄汉语政治访谈的主体部分的共同点体现在：（1）对话单位都是问答对；（2）问答对都可分为简单型和复杂型两类；（3）复杂型问答对存在六种相同的类型。俄汉语政治访谈的主体部分具有以下不同点：俄语政治访谈中复杂型问答对的构成更加复杂，使用次数更多、频率更高。由此可看出，俄语政治访谈的互动形式更多样化，对话性更强；汉语政治访谈的对话形式则具有更多的程式化和仪式性特征，被采访人的话语具有独白语的特点，独白语在整个会话结构中所占比例高于俄语政治访谈。

结　语

　　与日常会话相比，政治访谈的结尾位置和界限相对清晰，更富有仪式性。媒体的机构规则决定，政治访谈的结束由记者完成。结尾包括结束信号、临别语和结束语三部分。受机构语境的制约，政治访谈应在规定的时间内结束。结束信号因此具有两方面功能：（1）为结束节目做准备；（2）避免突兀、不连贯，以便达到模仿自然谈话的效果。临别语和结束语的功能都是言语礼节。

　　政治访谈话轮转换的常规机制可归纳为：（1）采访记者和受访政治家遵循"提问——回答——提问——回答"的循环模式；（2）采访记者较少使用日常会话中常见的反馈项目，如接收标记、评价等，而是直接提出下一个问题；（3）多人访谈时，主持记者决定话轮的分配。但是在访谈过程中，交际双方并不总是严格地按照话轮转换的常规机制，经常会出现打断话轮的情况。打断一般出现在访谈的主体部分，在打断关系上记者打断他人话语的比例最高，一次性打断最为常见，打断原因有时是执行合作原则，有时和心理、时间等因素有关。俄汉语政治访谈中打断现象的差异表现在：（1）俄语政治访谈中打断的次数较高、间隔时间较短；（2）俄语政治访谈中的打断既有遵守合作原则的打断，也有违反合作原则的打断，汉语中多为合作性打断，通常表现为支持或同意对方的观点，或者补充信息等。

二　政治访谈的意向性分析

　　本书对 И. М. Кобозева 等关于解释言语行为的观点进行了修正。（1）把说完整型解释言语行为看作追问，排除在解释言语行为之外。（2）将解释言语行为的语义类型修正为：指称、同义、压缩、扩展。确切了解释言语行为的定义，指出了政治访谈中解释言语行为的常用的话语标记，把解释言语行为在政治访谈中的语用功能概括为三点：话题聚焦功能、话语衔接功能和人际功能。

　　本书建立了言语攻击的理论模式。言语攻击不是独立的言语行为，而是通过其他间接言语行为实施的或其他语用手段表达的交际意向，表现为一种冲突型的言语互动方式。可以把言语攻击界定为：一种以贬损攻击对象为目标的、以语用逻辑为基础的冲突型言语互动。言语攻击在政治访谈中有六种角色关系，其中政治家攻击政治反对派个人和团体的情况最普遍，体现了政治话语的社会分化功能。政治攻击的意向在语用上表现为指责、抱怨、威胁、嘲讽、贴标签等言语行为和否定评价、隐喻等语言资源的运用。

三 政治访谈的策略性分析

本书总结出政治家的三种语用策略：闪避策略、模糊策略和自我展示策略。对闪避做了定量分析。研究表明，闪避是俄汉语政治访谈中使用率最高和最有效的语用策略，其中均以答非所问、转移焦点的手段最为频繁。同时，俄罗斯政治家闪避策略的使用频率远远高于中国政治家。模糊策略在政治访谈中起着重要的作用，它保障了政治访谈交际互动的顺利进行，同时可以取消或削弱政治家话语的语力，使其达到避免承担责任、进行自我保护的目的。俄汉语政治访谈模糊策略的表达形式既有相似之处，也有不同点。塑造政治形象是两国政治家共同的策略。俄罗斯政治家的区分异己策略在汉语政治访谈中很少见。如果说闪避策略和模糊策略都是交际者对语境的顺应性调整，那么自我展示策略则是出于政治交际的目的需要。

四 通过俄汉语政治访谈的对比研究挖掘俄中两国的政治文化差异

在分析俄汉语政治访谈差异时，笔者运用了政治语境和文化语境两个概念。俄汉语政治访谈的共同点反映了政治访谈作为政治话语的普遍性特征，而两种语言的政治访谈的差异很大程度上源于两国不同的政治、文化语境。汉语政治访谈突出政治话语的社会整合功能，而俄语政治访谈则体现了政治话语的社会整合、社会分化、攻击性、行动性等多种功能。汉语政治访谈的"独白体"特征与几千年的文化传统不无关系，而俄语政治访谈的"对话体"则是俄罗斯民族辩论、对话思维方式的体现。

本书的研究对象是政治访谈话语，不可避免地涉及与政治访谈相关的新闻学、传播学、公共关系学、政治学等领域的问题。另外还涉及俄语和汉语两种语言政治访谈的对比研究，对俄汉语政治访谈差异的解释往往要追溯到两国的政治、历史和文化层面。由于知识的局限性，在阐释中难免挂一漏万。本书一定存在不恰当之处，真心希望同行赐教并提出宝贵意见。

本书的出版得到北京第二外国语学院校级出版基金的资助，在此表示感谢！

参考文献

一 俄文文献

1. *Автохутдинова О. Ф.* Дискурс политической толерантности в региональных СМИ в период выборов. Известия уральского государственного университета: проблемы образования, науки и культуры. 2007（52）: 113 – 123.

2. *Акинина Е. А.* СМИ как средство политической коммуникации. http://clck. yandex. ru/redir.

3. *Алеева Г. У.* Арабо-персидские заимствования в общественно-политической лексике татарского языка. Вестник Чувашского университета. Серия Гуманитарные науки. 2008（3）: 111 – 116.

4. *Алексеева Л. М.* Метафоры революции как средство категоризации в политической лингвистике (на материале работ Н. А. Бердяева), Лингвистика: Бюллетень Уральского лингвистического общества. 2004（12）: 5 – 13.

5. *Андрамонова Н. А.* Языковые особенности газетных интервью. Материалы итог. науч. кон. Казань, 1988: 121 – 123.

6. *Андреева К. А.* Художественные политические концепты в романе А. Мэрдок «Алое и зеленое». Лингвистика: Бюллетень Уральского лингвистического общества. 2004（12）: 14 – 22.

7. *Антонова А. В.* Свойства массового сознания как мишени речевой манипуляции（на примере текстов предвыборных выступлений британских политиков）. Политическая лингвистика. 2010（1）：77－82.

8. *Апресян В. Ю.* Имплицитная агрессия в языке. Компьютерная лингвистика и интеллектуальные технологии. Труды Международной конференции. Диалог 2003. М.，2003.

9. *Артемова Е. А.* Карикатура как жанр политического дискурса. Автореф. дис. ... к. ф. н. Волгоград，2002.

10. *Афанасьева И. В.* Лингво－риторические особенности англоязычного интервью. Автореф. дис. ... к. ф. н. Санкт－Петербург，2010a.

11. *Афанасьева И. В.* Временной план настоящего и прошедшего как средство аргументации в высказываниях интервьюируемого. Вестник Пермского университета. 2010b（3）：57－61.

12. *Бабаева Е. В.* Лингвокультурологический анализ текстов партийных программ. Лингвистика：Бюллетень Уральского лингвистического общества. 2003（11）：10－21.

13. *Бабайцева В. В.，Максимов Л. Ю.* Современный русский язык，часть 3，М.，Просвещение，1981.

14. *Бажалкина Н. С.* Лексико-семантические составляющие политических афоризмов（на материале английского и русского языков），Вестник МГОУ，серия Лингвистика. 2010（1）：120－125.

15. *Базылев В. Н.* Нехаризматическая популярность：Леонид Кучма，Лингвистика：Бюллетень Уральского лингвистического общества. 2004（13）：5－11.

16. *Бантышева Л. Л.* Общественно-политическая лексика начала XX века：традиции изучения. Политическая лингвистика. 2007（1）：

13 – 18.

17. *Баранов А. Н.*, *Казакевич Е. Г.* Парламентские дебаты: традиции и новации [M]. М.: Знание, 1991: 6.

18. *Баранов А. Н.*, *Крейдлин А. Н.* Иллокутивное вынуждение в структуре диалога. Вопросы языкознания. 1992 (2): 84 – 99.

19. *Барсукова В. В.* О дискурсивных схемах газетных текстов эпохи застоя. Проблемы филологии и преподавания филологических дисциплин. Пермь, 2005: 14 – 17.

20. *Барсукова В. В.* О дискурсивной системности газетно-публицистических текстов периода хрущевской «оттепели». Проблемы функционирования языка в разных сферах коммуникации. Пермь, 2005: 107 – 111.

21. *Белкина О. Е.* «Загадочный Путин» или.... Политический дискурс в России (6). М., 2002.

22. *Белов Е. С.*, *Чернякова М. В.*, *Чудинов А. П.* Риторическое направление в американской политической метафорологии. Политическая лингвистика. 2008 (3): 158 – 160.

23. *Бородулина Н. Ю.* Современный облик Европы в метафорическом отражении. Политическая лингвистика. 2008 (3): 30 – 33.

24. *Брусенская Л. А.*, *Гаврилова Г. Ф.*, *Малычева Н. В.* Словарь лингвистических терминов. Ростов н. Д: Феникс, 2005. http://veselchak.ru/artic/17/06/t – 0308 – 12635.html.

25. *Будаев Э. В.* Метафорическое моделирование постсоветской действительности в российском и британском политическом дискурсе. Автореф. дис. ... к. ф. н. Екатеринбург, 2006.

26. *Будаев Э. В.*, *Чудинов А. П.* Лингвистическая советология [M]. Екатеринбург: Урал. гос. пед. ун – т, 2009.

27. *Будаев Э. В.*, *Камышева О. С.*, *Лекарева Е. В.*, *Чудинов А. П.*

Критика текста в американской политической лингвистике. Политическая лингвистика. 2010（1）：175 – 177.

28. *Бушев А. Б.* Политический дискурс в материалах периодической печати фактографических и художественных жанров. Политическая лингвистика. 2009（4）：72 – 81.

29. *Василик М. В.*, *Вершинин М. С. и др.* Политология：Словарь-справочник. М.：Гардарики, 2001.

30. *Васильев А. Д.* Некоторые манипулятивные приемы в текстах телевизионных новостей, Политическая лингвистика. 2006（20）：95 – 115.

31. *Вежбицкая А.* Речевые жанры. Жанры речи. Саратов：Колледж, 1997：99 – 111.

32. *Верещагин С. Б.* Дискурсивные аспекты политических дебатов на материале русских и английских текстов. Автореф. дис. ... к. ф. н. Тюмень, 2007.

33. *Воробьёва О. И.* Политическая лингвистика. Политический язык как сфера социальной коммуникации［M］. М.：ИКА, 2008.

34. *Воропаев Н. Н.* Прецедентные имена и другие прецедентные феномены в китайскоязычном политическом дискурсе, Политическая лингвистика. 2011（1）：121 – 127.

35. *Ворошилова М. Б.* Креолизованный текст в политическом дискурсе, Политическая лингвистика. 2007（3）：77 – 83.

36. *Ворошилова М. Б.* Кризис сквозь смех：метафорический образ мирового кризиса в русской политической карикатуре, Политическая лингвистика. 2010（1）：90 – 94.

37. *Гаврилова М. В.* Когнитивные и риторические основы президентской речи（на материале выступлений В. В. Путина и Б. Н. Ельцина）.

СПб. : Изд-во СПбГУ, 2004а.

38. *Гаврилова М. В.* Тематический ряд слов цель, задача, приоритет в дискурсивном пространстве послания федеральному собранию, Лингвистика: Бюллетень Уральского лингвистического общества. 2004b (13): 20 – 35.

39. *Гаврилова М. В.* Ключевые концепты русского политического дискурса «народ», «власть», «Россия» в инаугурационных выступлениях российских президентов. Политическая экспертиза. 2006 (2): 98 – 108.

40. *Гак В. Г.* Высказывание и ситуация. Проблемы структурной лингвистики. М. : Наука, 1973: 46.

41. *Геращенко М. Б.* Механизмы трансформации реактивизированной лексики русского языка на рубеже XX – XXI веков, номинирующей реалии и понятия сферы политики и государственного устройства. Политическая лингвистика. 2009 (3): 114 – 118.

42. *Гловинская М. Я.* Семантика глаголов речи с точки зрения теории речевых актов. Русский язык в его функционировании: коммуникативно-прагматический аспект. М.: Наука, 1993: 196 – 197.

43. *Голанова Е. И.* Устный публичный диалог: жанр интервью. Русский язык конца XX столетия. М., 2000.

44. *Головаш Л. Б.* Коммуникативные средства выражения стратегии уклонения от прямого ответа. Атовореф. дис. ...к. ф. н. Кемерово, 2008.

45. *Голубева - Монаткина Н. И.* Вопросы и ответы диалогической речи. М.: Едиториал УРСС, 2004.

46. *Гридина Т. А.* Языковая игра в политическом дискурсе: прецедентная модель (на материале жанра «гариков» И. Губермана), Лингвистика: Бюллетень Уральского лингвистического общества. 2003 (11): 21 – 29.

47. *Грушевская Т. М.* Политический газетный дискурс (лингвопрагматический аспект). Автореф. дис. ... к. ф. н. Краснодар, 2002.

48. *Гусева О. А.* Риторико-аргументативные характеристики политического дискурса: на материале президентских обращений к нации. Автореф. дис. ... к. ф. н. Калуга, 2006.

49. *Данилова М. Б.* Фрейм «Происхождение» в сценарии «Автобиография женщины-политика». Политическая лингвистика. 2009 (2): 72 – 75.

50. *Декленко Е. В.* Концепт «патриотизм» в сопоставительном аспекте, Лингвистика: Бюллетень Уральского лингвистического общества. 2003 (11): 29 – 34.

51. *Диасамидзе Л. Р.* Способы конструирования гендерной идентичности в интернет – дискурсе: на материале англоязычных и русскоязычных текстов политических сетевых дневников (блогов). Дис. ⋯ к. ф. н. Тюмень, 2010.

52. *Докучаева Р. М.* О коммуникативной направленности высказывания в политическом интервью. Лингвистика: Бюллетень Уральского лингвистического общества. 2003 (11): 34 – 45.

53. *Дубских А. И.* Реплики-реакции в диалогических текстах массово-информационного дискуса. Вестник Челябинского государственного университета. 2008 (16): 65 – 70.

54. *Едличко А. И.* Диахронная семантическая эволюция политических интернациональных слов в немецком языке. Вестник Московского

государственного областного университета, серия: лингвистика. 2008（2）: 160 – 166.

55. *Заварзина Г. А.* Общественно-политическая лексика русского языка новейшего периода и проблемы ее изучения в иностранной аудитории, Вестник Российского университета дружбы народов, серия: русский и иностранные язык и методика их преподавания. 2007（4）: 56 – 61.

56. *Заварзина Г. А.* Словообразовательные общественно-политические неологизмы в русском языке новейшего периода; Вестник Российского университета дружбы народов; Серия: русский и иностранные языки и методика их преподавания. 2009（2）: 5 – 10.

57. *Завьялова Н. А.* Черты современного политического дискурса Японии и их языковая манифестация. Политическая лингвистика. 2009（4）: 100 – 103.

58. *Загоровская О. В., Есмаеел С. А.* Об иноязычных заимствованиях в политической лексике русского языка. Вестник ВГУ. Серия: лингвистика и межкультурная коммуникация. 2008（3）: 74 – 82.

59. *Заигрина Н. А.* Лингвостилистические особенности печатного интервью как типа текста (на материале англ.-амер. прессы). Автореф. дис. ... к. ф. н. М., 1988.

60. *Зайцева Е. Л.* Выражение отрицательной оценки в политическом дискурсе. Дис. ... к. ф. н. Чебоксары, 2006.

61. *Зарема С. Х.* Оценка и оценочность в языке демократической оппозиции (на материале газетного политического дискуса). Вестник Вятского государственного гуманитарного университета. 2009（3）: 20 – 23.

62. *Зеленский В. В.* Послесловие к книге: В. Одайник. Психология

политики. Психологические и социальные идеи Карла Густава Юнга. СПб.: Ювента, 1996: 371.

63. *Земская Е. А.* Русская разговорная речь: лингвистический анализ и проблемы обучения. М.: Русский язык, 1987.

64. *Зигманн Ж. В.* Структура современного политического дискурса (речевые жанры и речевые стратегии). Автореф. дис. ... к. ф. н. М., 2003.

65. *Жерновая О. Р.* Этнокультурные стереотипы как отражение меняющейся культурной и политической действительности общества. Политическая наука. Политический дискурс. 2010 (2): 109 – 113.

66. *Журавлева О. Н.* Окказиональная переработка фразеологизмов в политических текстах. Лингвистика: Бюллетень Уральского лингвистического общества. 2003 (11): 45 – 55.

67. Иванова Л. Ю. Сковородникова А. П. и др. Культура русской речи: Энциклопедический словарьсправочник. М.: Флинта · Наука, 2003.

68. *Иванова С. В.* Политический медиа-дискурс в фокусе лингвокультурологии. Политическая наука. Политический дискурс. 2008 (1): 29 – 33.

69. *Ильин М. В.* Политический дискурс как предмет анализа. Политическая наука. Политический дискурс. 2002 (3): 7 – 19.

70. *Ильичева Е. О.* Прагматика дедуктивных умозаключений в политическом дискурсе. Автореф. дис. ... к. ф. н. Иркутск, 2006.

71. *Истомина А. Е.* Фельетон как жанр политического дискурса. Автореф. дис. ... к. ф. н. Волгоград, 2008.

72. *Иссерс О. С.* Коммуникативные стратегии и тактики русской речи.

М.: УРСС, 2003.

73. *Каблуков Е. В.* «Пленарное заседание Государственной Думы»: дискурсивно-текстовой и прагматический аспекты. Автореф. дис. ... к. ф. н. Екатеринбург, 2007.

74. *Калинин К. Е.* Коммуникативные стратегии убеждения в англоязычном политическом дискурсе. Автореф. дис. ... к. ф. н. Нижний Новгород, 2009.

75. *Канчани П.* Оппозиция «свои-чужие» как прагматическая доминанта политического дискурса. Автореф. дис. ... к. ф. н. М., 2007.

76. *Карасик В. И.* Язык социального статуса. М.: ИТДГК «Гнозис», 2002.

77. *Карасик В. И.* Сознательность: лингвокультурный комментарий. Политическая лингвистика. 2010（2）: 35 – 40.

78. *Карамова А. А.* Оценочная общественно-политическая лексика и фразеология современного русского языка (вторая половина XX века). Автореф. дис. ... к. ф. н. Уфа, 2002.

79. *Керимов Р. Д.* Метафоричекие образы в речах президента ФРГ И. Рау. Политическая лингвистика. 2009（4）: 104 – 116.

80. *Киселева Н. Е.* Социокультурные аспекты новояза в СССР в 20-е— 30-е XX века. Вестник Московского государственного университета культуры и искусств. 2008（1）: 80 – 83.

81. *Китайгородская М. В.*, *Розанова Н. Н.* Соотношение социальной дифференциации языка и функционально – жанрового членения речи. Современный русский язык. Социальная и функциональная дифференциация. М.: Языки славян. культуры, 2003: 103 – 126.

82. *Китик М. В.* Снижение интенсивности высказывания в политическом дискурсе: на материале стенограмм заседаний Британского

парламента. Автореф. дис. ... к. ф. н. Астрахань, 2004.

83. *Кишина Е. В.* Категория «свойственность-чуждость» в политическом дискурсе. Автореф. дис. ... к. ф. н. М., 2006.

84. *Кишина Е. В.* Смысловая модель категории «своё-чужое» на уровне политического дискурса. Вестник Томского государственного университета. 2009（1）：47 – 52.

85. *Клиновская А. А.* Лингвокогнитивные особенности актуализации общественных стереотипов в политическом журнальном дискурсе ФРГ. Автореф. дис. ... к. ф. н. Кемерово, 2007.

86. *Кобозева И. М., Лауфер Н. И.* Интерпретирующие речевые акты. Логический анализ языка. Язык речевых действий. М., 1994：6366.

87. *Ковалева Т. Г.* Имя прилагательное в политическом дискурсе. Дис. ... к. ф. н. Воронеж, 2008.

88. *Комарова З. И., Плотникова Г. Н.* Семантико-когнитивные процессы в политическом дискурсе (на материале интервью). Лингвистика：Бюллетень Уральского лингвистического общества. 2003（11）：70 – 80.

89. *Комисарова Т. С.* Механизмы речевого воздействия и их реализация в политическом дискурсе：на материале речей Г. Шрёдера. Автореф. дис. ... к. ф. н. Воронеж, 2008.

90. *Кондратьева О. Н.* Зооморфная метафора в переписке Ивана Грозного с Андреем Курбским. Лингвистика：Бюллетень Уральского лингвистического общества. 2003（11）：80 – 89.

91. *Костылев Ю. С.* Образ японца в советской массовой печати. Политическая лингвистика. 2007（1）：39 – 45.

92. *Красильникова Н. А.* Метафорическое представление «своих» и

«чужих» в дискурсе американского движения «Зеленых». Лингвистика: Бюллетень Уральского лингвистического общества. 2004（12）：45 – 62.

93. *Крючкина Ю. К.* Прагмалингвистические особенности текстов политической рекламы в русском и во французском языках. Вестник Москогвского государственного лингвистического университета. 2010（589）：231 – 248.

94. *Кудрявцева Л. А.* Массмедийный политический дискурс Украины: особенности «послемайданного» периода. http：//www. ru. org. ua/ raznoe/402 – kursukr. html.

95. *Култышева И. В.* Уловки в доказательстве как способ аргументации в предвыборных листовках. Политическая лингвистика. 2010（2）：114 – 118.

96. *Купина Н. А.* Тоталитарный язык: Словарь и речевые реакции. Екатеринбург, Пермь, 1995.

97. *Купина Н. А.* Идеологемы как ключевые единицы политического языка. Лингвистика: Бюллетень Уральского лингвистического общества. 2003（11）：97 – 106.

98. *Лавринова Н. И.* Речевое поведение политического деятеля в интервью конфронтационного типа. Известия Санк-Петербургского университета экономики и финансов. 2008（2）：188 – 191.

99. *Лавринова Н. И.* Текстообразующие характеристики политического интервью. Вестник Поморского университета. Серия Гуманитарные и социальные науки. 2009（5）：68 – 71.

100. *Лазарева Е. А.*, *Горина Е. В.* Использование приема когнитивного столкновения в политическом дискурсе СМИ. Лингвистика: Бюллетень Уральского лингвистического общества. 2003（11）：

106 – 116.

101. *Лаптева О. А.* Русский разговорный синтаксис. М.: Наука, 1976.

102. *Малышева Е. Г.* Концепт «Губернатор» в региональном массово-информационном дискурсе (на материале текстов радийных и телевизионных СМИ Омской области), Политическая лингвистика. 2009a (2): 76 – 87.

103. *Малышева Е. Г.* Идеологема как лингвокогнитивный феномен: определение и классификация, Политическая лингвистика. 2009b (4): 32 – 40.

104. *Матыгина Е. Б.* Сказка о справедливой войне в официальных заявлениях Кондолизы Райс. Политическая лингвистика. 2009a (1): 74 – 87.

105. *Милевич И. Г.* Дайджест — коммуникативная территория «чужого» (по материалам современной прессы Латвии), Лингвистика: Бюллетень Уральского лингвистического общества. 2003 (11): 135 – 150.

106. *Миронова П. О.* Стратегия редукционизма в современном политическом дискурсе: когнитивно-прагматический аспект. Дис. ... к. ф. н. Омск, 2003.

107. *Михальская А. К.* Русский Сократ: Лекции по сравнительно-исторической риторике. М.: Academia, 1996.

108. *Михальская А. К.* Политическое интервью как речевой жанр. Риторическая культура в современном обществе. Тезисы IV Международной конференции по риторике. М., 2009.

109. *Мкртчян Т. Ю.* Речевое поведение журналистов в политическом теле- и радиоинтервью (на материале русского и английского языков). Автореф. дис. ... к. ф. н. Ростов на Дону, 2004.

110. *Мохова Е. К.* Метафорический образ Америки в политическом дискурсе У. Чавеса, Политическая лингвистика. 2010a（1）：106 – 108.

111. *Мохова Е. К.* Метафорический образ свободы в дискурсе Нельсна Манделы. Политическая лингвистика. 2010b（2）：119 – 121.

112. *Мухаммадал-Бхаиси* Язык как средство политической пропаганды в заявлениях литеров организации «Алькаида». Религиоведени. 2006（4）：48 – 53.

113. *Мухарямов Н. М.*, *Мухарямова Л. М.* Политическая лингвистика. Учебное пособие［М］. Казань: Каз. гос. энерг. ун – т, 2009.

114. *Наумова И. О.* Английские источники политической лингвистики современного русского языка. Лингвистика: Бюллетень Уральского лингвистического общества. 2004（12）：92 – 110.

115. *Нахимова Е. А.* Прецедентные имена в президентском дискурсе, Политическая лингвистика. 2007（2）：44 – 48.

116. *Невинская М. Д.* Концептуальная оппозиция «народ—власть» в политическом дискурсе. Дис. ...к. ф. н. Волгоград, 2006.

117. *Немирова Н. В.* Прецедентность и интертекстуальность политического дискурса（на материале современной публицистики）. Лингвистика: Бюллетень Уральского лингвистического общества. 2003（11）：150 – 160.

118. *Немирова Н. В.* Современный экономический кризис в зеркале прецедентности: мифы и реальность. Политическая наука. Политический дискурс. 2010（2）：129 – 135.

119. *Никитина К. В.* Технологии речевой манипуляции в политическом дискурсе СМИ: на материале газет США. Дис. ...к. ф. н. Уфа, 2006.

120. *Норман Б. Ю.* Русское местоимение *мы*: внутренняя драматургия. Russian linguistics. 2002（2）：217 – 234.

121. *Онищенко М. С.* Концепт "свободная страна": лингвокогнитивный анализ. Дис. ⋯ к. ф. н. Ульяновск, 2009.

122. *Опарина Е. О.* Метафор в политическом дискурсе. Политическая наука. Политический дискурс. 2002（3）：20 – 31.

123. *Ошеева Ю. В.* Политическая лексика и фразеология русского языка（1985 – 2000 гг.）：Дис. ⋯ к. ф. н. Уфа, 2004.

124. *Ощепкова Н. А.* Стратегии и тактики в аргументативном дискурсе: прагмалингвистический анализ убедительности рассуждения（на материале политических дебатов）. Дис. ⋯ к. ф. н. Калуга, 2004.

125. *Падучева Е. В.* Высказывание и его соотнесённость с действительностью. М.：Наука, 1985.

126. *Паршин П. Б.* Исследовательские практики, предмет и методы политической лингвистики. Scripta linguisticae applicatae. Проблемы прикладной лингвистики – 2001. М.：Азбуковник, 2001.

127. *Пескова Е. Н.* Метафора как средство реализации интенций в политическом дискурсе на материале текстов региональных предвыборных кампаний. Дис. ⋯ к. ф. н. Челябинск, 2006.

128. *Пименов Е. А.* Концепт «украинец» в российских СМИ. Политическая лингвистика. 2010（1）：48 – 52.

129. *Пименова М. В.* Концепт «Украина»（на материале российских СМИ）. Политическая лингвистика. 2007（2）：52 – 60.

130. *Пименова М. В.* Политическая концептуальная система. Политическая лингвистика. 2010（2）：47 – 55.

131. *Полякова Е. С.* Прецедентные имена в институциональном политическом дискурсе Кондолизы Райс и Ирины Хакамады: 2000 – 2008 гг. Дис. ··· к. ф. н. Екатеринбург, 2012.

132. *Попов Л. Н.* Интонация политика: власть и оппозиция. Политическая лингвистика. 2007（2）: 131 – 134.

133. *Попова Е. А.* Культурно-языковые характеристика политического дискурса: на материале газ. интервью. Автореф. дис. ... к. ф. н. Волгоград, 1995.

134. *Попова Э. Ю.* Коммуникативной неудачи в телевизионном политическом ток-шоу. Лингвистика: Бюллетень Уральского лингвистического общества. 2004（12）: 110 – 115.

135. *Прожога А. В.* Реализация причино-следственных отношений в неофициальном и официальном диалоге: на материале английского языка. Дис. ... к. ф. н. Саранск, 2002.

136. *Раздорская Н. В.* Использование интернет-ресурсов при работе с обществеено-политическими информационными материалами на японском языке. Иностранные языки в школе. 2007（1）: 91 – 98.

137. *Рамазанова С.* Язык текстов дипломатических сообщений как подструктура языка политической коммуникации. Вестник Российского университета дружбы народов: русский и иностранные языки и методика их преподавания. 2009（4）: 24 – 32.

138. *Ракитина Н. Н.* Лингвокультурологические аспекты функционирования аббревиатур в политическом дискурсе. Автореф. дис. ... к. ф. н. Челябинск, 2007.

139. *Рисинзон С. А.* Риторические приемы с использованием этикетных

средств в русском и английском интервью. Известия высших учебных заведений. Поволжский регион. Гуманитарные науки. 2009（4）：67 – 75.

140. *Романов А. А.* Политическая лингвистика：функциональный подход［M］. M.：2002.

141. *Романов А. А.，Романова И. Г.，Воеводкин Н. Ю.* Имя собственное в политике：язык власти и власть языка. M.：Лилия ЛТД，2000.

142. *Руженцева Н. Б.* «Страсти по выхухоли», или дискредитирующие тактики в современном газетно-журнальном политическом дискурсе. Лингвистика：Бюллетень Уральского лингвистического общества. 2003（11）：160 – 176.

143. *Садуов Р. Т.* Мифология в политическом дискурсе：анализ речей Тони Блэра. Политическая лингвистика. 2008（3）：96 – 103.

144. *Садуов Р. Т.* Графическая литература как составляющая американского политического дискурса. Политическая лингвистика. 2009（3）：101 – 109.

145. *Садуов Р. Т.* Использование музыкального видеоклипа как специфическая характеристика политического дискурса Барака Обамы. Политическая лингвистика. 2010（2）：136 – 143.

146. *Сак А. Н.* Лингво-прагматические аспекты испаноязычного газетно-журнального интервью. Дис. ... к. ф. н. М.，2005.

147. *Светоносова Т. А.* Сопоставительное исследование ценностей в российском и американском политическом дискурсе. Дис. ... к. ф. н. Екатеринбург，2006.

148. *Селютина В. В.* Формальный и прагматический аспекты дискурсивно-коммуникативной рамки политической статьи：на материале французской прессы. Автореф. дис. ... к. ф. н.

Воронеж，2005.

149. *Серль Дж. Р.* Что такое речевой акт? Перевод с английского языка И. М. Кобозевой．«Новое в зарубежной лингвисте»．Выпуск XVII. М．：Прогресс，1986：151 - 169；*Грайс П.* Логика и речевое общение. Перевод с английского В. В. Туровского．«Новое в зарубежной лингвисте»．Выпуск XVI. М．：Прогресс，1985：217 - 237.

150. *Симон А. А.* «Больше демократии—больше социализма»：язык журнальной публицистики периода перестройки．Политическая лингвистика．2007（1）：45 - 48.

151. *Скворцов О. Г.* Риторическое направление в исследовании семантической сферы «LIGHT / DARKNESS»（по материалам политической коммуникации）．Политическая лингвистика．2009（2）：41 - 45.

152. *Солопова О. А.* Образ будущего в предвыборных программах политических партий // Политическая лингвистика．2008（1）：57 - 66.

153. *Сорокина М. В.* Манипулятивный потенциал метафоры в американском политическом дискурсе периода войны в Ираке．Лингвистика：Бюллетень Уральского лингвистического общества．2003（10）：16 - 27.

154. *Сорокина М. В.* Манипулятивный потенциал метафорической модели ВОЙНА В ИРАКЕ—это АМЕРИКАНСКИЙ ФУТБОЛ．Лингвистика：Бюллетень Уральского лингвистического общества．2004（12）：124 - 133.

155. *Стексова Т. И.* Угроза как речевой жанр. Жанры речи. Саратов：Колледж，1997：6 - 7.

156. *Степанова М. А.* Диалогичность коммуникации в жанре интервью в современной немецкой прессе: на материале журнала "Der Spiegel". Автореф. дис. ... к. ф. н. М., 2006.

157. *Стрельникова М. А.* Национальные особенности речевого жанра телеинтервью в российской и американской коммуникативных культурах. Дис. ... к. ф. н. Воронеж, 2005.

158. *Сурина А. В.* Метафорическое моделирование российской действительности в мемуарах политических лидеров постсоветской эпохи. Автореф. дис. ... к. ф. н. Нижний Тагил, 2007.

159. *Талина И. В.* Гендерные маркеры речевого поведения политического деятеля (на материале политического интервью). Дис. ... к. ф. н. Ульяновск, 2003.

160. *Тихонова С. А.* Политическая лингвистика: учебное пособие [М]. Омск: Изд - во ОмГУ, 2012.

161. *Тянь Юань,* Русский речевой этикет в общественно-политической сфере общения. Дис. ... к. ф. н. М., 2007.

162. *Федотовских Т. Г.* Листовка как жанр политического дискурса: когнитивно-прагматический анализ. Автореф. дис. ... к. ф. н. Екатеринбург, 2005.

163. *Фенина В. В.* Репрезентация культурных ценностей во французском политическом дискурсе. Политическая лингвистика. 2008 (2): 105 - 119.

164. *Филатова Е. А.* Лексико-стилистические и фонетические средства организации англоязычного политического дискурса: на материале речевой британских и американских политиков. Автореф. дис. ... к. ф. н. Иваново, 2004.

165. *Фомина Т. Д.* Динамика концепта в политическом дискурсе на

примере выступлений Д. Буша и Т. Блэра, посвященных второй военной кампании в Ираке. Автореф. дис. ... к. ф. н. М., 2006.

166. *Формановская Н. И.* Коммуникативно-прагматические аспекты единиц общения. М. : Институт русского языка им. Пушкина, 1998.

167. *Хайруллина Р. Х.* Речевая агрессия: универсальное и национально-своеобразное. Сборник научных статей к 75 – летию профессора Р. З. Мурясова. Ч. I. отв. ред. З. З. Чанышева. Уфа: РИЦ БашГУ, 2010: 333 – 337.

168. *Хурматуллин А. К.* Особенности употребления метафор в политическом дискурсе (на материале татарских и арабских политических интервью). Вестник Башкирского университета. 2010 (3): 685 – 688.

169. *Черкасов Ю. Ю.* Функционирование политической технологии манипуляции, основанной на бинарной оппозиции «хорошо/плохо» в политическом дискурсе. http://clck. yandex. ru/redir.

170. *Чимитова С. Д.* Словообразование общественно-политической лексики монгольских языков. Вестник Бурятского госуниверситета. 2010 (8): 138 – 143.

171. *Чудинов А. П.* Россия в метафорическом зеркале: когнитивное исследование политической метафоры (1991 – 2000). Екатеринбург. 2001; *Чудинов А. П.*, Россия в метафорическом зеркале. Русская речь. 2001 (1), (3), (4); 2002 (1), (2), (3).

172. *Чудинов А. П.* Интертекстуальность политического текста. Лингвистика: Бюллетень Уральского лингвистического общества.

2003（10）：27-34.

173. *Чудинов А. П.* Когнитивно-дискурсивное описание метафорической модели. Лингвистика：Бюллетень Уральского лингвистического общества. 2004（13）：104-117.

174. *Чудинов А. П.* Политическая лингвистика. М.：Флинта · Наука，2007.

175. *Чудинов А. П.* Российская политическая метафорика в начале XXI века. Политическая лингвистика. 2008（1）：89-96.

176. *Чуриков М. П.* Согласие，несогласие и уклонение в аспекте речевого общения：на материале текстов немецких политических интервью. Автореф. дис. ... к. ф. н. Пятигорск，2005.

177. *Шведова Н. Ю.* К изучению русской диалогической речи. Вопросы языкознания. 1956（2）：3-5.

178. *Шведова Н. Ю.* Очерки по синтаксису русской разговорной речи. М.：Изд. АН СССР，1960.

179. *Швец Е. В.* «Звездное» интервью в коммуникативнопрагматическом аспекте. Автореф. дис. ... к. ф. н. Калининград，2008.

180. *Шевченко О. А.* Когнитивная модель дискурса интервью：на материале современной англоязычной прессы. Дис. ... к. ф. н. Тольятти，2006.

181. *Шевчук А. В.* Прагмалингвистические особенности построения политического дискурса Сопоставительный анализ британских и русских информационных телеинтервью. Автореф. дис. ... к. ф. н. Томск，2004.

182. *Шейгал Е. И.* Семиотика политического дискурса. М.：ИГТДГК «Гнозис»，2004：23.

183. *Шмелькова В. В.* Русская общественно-политическая лексика в XX

веке, Вопросы филологических наук. 2007 (4): 35 – 36.

184. *Шмелькова В. В.* Общественно-политическая лексика русского языка в словарях середины и конца XX столетия, Известия ПГПУ им. В. Г. Белинского. 2010 (15): 64 – 67.

185. *Шустрова Е. В.* Отзвуки политики в афроамериканском литературном жанре, Политическая лингвистика. 2007 (1): 60 – 63.

186. *Шустрова Е. В.* Дискурс Барака Обамы: приемы и образы, Политическая лингвистика. 2010 (2): 77 – 91.

187. *Щербинина Ю. В.* Вербальная агрессия. М.: Издательство ЛКИ, 2008.

188. *Юрина М. В.* Средства языкового выражения стратегии принятия нейтралитета партнерами в немецкоязычном политическом интервью. Вестник СамГу. 2006a (5): 125 – 131.

189. *Юрина М. В.* Коммуникативные стратегии партнеров в политическом интервью: на материале современной прессы ФРГ. Автореф. дис. ... к. ф. н. Самара, 2006b.

190. *Якубинский Л. П.* О диалогической речи. Избранные работы—язык и его функционирование. М.: Наука, 1986.

191. *Ярцева В. Н.* Лингвистический энциклопедический словарь. М.: Советская энциклопедия, 1990.

二 英文文献

192. Allen E. & Guy F. 1974. *Conversation Analysis: The Sociology of Talk* [M]. The Hague: Mouton.

193. Andreas, H. Jucker. 1986. *News Interviews: A Pragmalinguistic Analysis* [M]. Amsterdam: J. Benjamins.

194. Bavelas, J. B., Black A., Bryson L. & Mullett J. 1988. Political equivocation: A situational explanation [J]. *Journal of Language and Social Psychology* 7: 137-46.

195. Beattie, G. W. 1982. Turn-taking and interruption in political interviews—Margaret Thatcher and Jim Callaghan compared and contrasted [J]. *Semiotica* 39: 93-114.

196. Beattie, G. W., Cutler, A. & Pearson, M. 1982. Why is Mrs Thatcher interrupted so often? [J]. *Nature* 300: 744-747.

197. Beattie, G. W. 1989a. Interruptions in political interviews: A reply to Bull and Mayer [J]. *Journal of Language and Social Psychology* 8 (5): 327-339.

198. Beattie, G. W. 1989b. Interruptions in political interviews: The debate ends? [J]. *Journal of Language and Social Psychology* 8 (5): 345-348.

199. Becker, A. 2009. Modality and engagement in British and German political interviews [J]. *Language in Contrast* 9: 1, 5-22.

200. Blum-Kulka, S. 1983. The dynamics of political interviews [J]. *Text* 3 (2): 131-153.

201. Bull, P. & Mayer, K. 1988. Interruptions in political interviews: A study of Margaret Thatcher and Neil Kinnock [J]. *Journal of Language and Social Psychology* 7: 35-45.

202. Bull, P. & Mayer, K. 1989. Interruptions in political interviews: A reply to Beattie [J]. *Journal of Language and Social Psychology* 8 (5): 341-344.

203. Bull, P. & Mayer, K. 1993. How not to answer questions in political interviews [J]. *Political Psychology* 14: 651-666.

204. Bull, P. 1994. Onidentifying questions, replies, and non-replies in political interviews [J]. *Journal of Language and Social Psychology* 13

(2): 115 – 131.

205. Bull, P. 1998. Equivocationtheory and news interviews [J]. *Journal of Language and Social Psychology* 17: 36 – 51.

206. Bull, P. 2003. *The Microanalysis of Political Communication. Claptrap and Ambiguity* [M]. London: Routledge.

207. Bull, P. & Fetzer, A. 2006. Who are we and who are you? The strategic use of forms of address in political interview [J]. *Text & Talk* 26 – 1: 3 – 37.

208. Chilton, P. & Schaffner, C. 1997. Discourse and politics [A]. In van Dijk (ed), *Discourse as Social Interaction* [C]. London: Sage Publications Ltd.

209. Clayman, S. E. 1988. Displaying neutrality in television news interviews [J]. *Social Problems* 35: 474 – 492.

210. Clayman, S. E. 1992. Footing in the achievement of neutrality: The case of news-interview discourse [A]. In P. Drew & J. Heritage (Eds.), *Talk at Work* [C]. Cambridge, MA: Cambridge University Press.

211. Clayman, S. E. 1993. Reformulating the question: A device for answering/not answering questions in news interviews and press conferences [J]. *Text* 13: 159 – 88.

212. Clayman, S. E. & Heritage, J. 2002. *The News Interview: Journalists and Public Figures on the Air* [M]. Cambridge: Cambridge University Press.

213. Denton, R. E. Jr. & Woodward, G. C. 1985. *Political Communication in America* [M]. New York: Praeger.

214. Dillon, J. T. 1990. *The Practice of Qustioning* [M]. London: Routledge.

215. Dickerson, P. 2001. Disputing with care: Analyzing interviewees' treatment of interviewers' prior turns in televised political interviews [J]. *Discourse Studies* 3 (2): 203 – 222.

216. Drew, P. & Heritage, J. 1992. Analyzing talk at work: An introduction [A]. In P. Drew & J. Heritage (Eds.), *Talk at Work* [C]. Cambridge, MA: Cambridge University Press.

217. Ekström, M. 2009. Announced refusal to answer: A study of norms and accountability in broadcast political interviews [J]. *Discourse Studies* 11 (6): 681 – 702.

218. Elliott, J. & Bull, P. 1996. A question of threat: Face threats in questions posed during televised political interviews [J]. *Journal of Community & Applied Social Psychology* 6: 49 – 72.

219. Fetzer, A. 2006. "Minister, we will see how the public judges you." Media reference in political interview [J]. *Journal of Pragmatics* 38: 180 – 195.

220. Fetzer, A. & Johansson, M. 2007. 'I'll tell you what the truth is': The interactional organization of confiding in political interviews [J]. *Journal of Language and Politics* 6 (2): 147 – 176.

221. Fetzer, A. 2008. The expression of non-alignment in British and German political interviews: Preferred and dispreferred variants [J]. *Functions of Language* 15 (1): 35 – 63.

222. Fetzer, A. & Bull, P. 2008. 'Well, I answer it by simply inviting you to look at the evidence': The strategic use of pronouns in political interviews [J]. *Journal of Language and Politics* 7 (2): 271 – 289.

223. Fraser, B. 1996. Pragmatic markers [J]. *Pragmatics* 6: 167 – 190.

224. Galasinski, D. 2000. *The Language of Deception: A Discourse Analytical Study* [M]. California: Sage Publication.

225. Greatbatch, D. 1986. Aspects oftopical organization in news interviews: The use of agenda shifting procedures by interviewees [J]. *Media, Culture and Society* 8: 441–455.

226. Greatbatch, D. 1988. Aturn-taking system for British news interviews [J]. *Language in Society* 17 (3): 401–430.

227. Greatbatch, D. 1992. On the management of disagreement between news interviewees [A]. In P. Drew & J. Heritage (Eds.), *Talk at Work* [C]. Cambridge, MA: Cambridge University Press.

228. Halliday, M. A. K. & Hasan, R. 1976. *Cohesion in English* [M]. London: Longman.

229. Hamo, M., Kampf, Z. & Shifman, L. 2010. Surviving the 'Mock Interview': challenges to political communicative competence in contemporary televised discourse [J]. *Media, Culture & Society* 32 (2): 247–266.

230. Harris, S. 1991. Evasiveactions: How politicians respond to questions in political interviews [A]. In P. Scannell (Ed.), *Broadcast Talk* [C]. London: Sage.

231. Heritage, J. & Greatbatch, D. 1991. On theinstitutional character of institutional talk: The case of news interviews [A]. In D. Boden & D. H. Zimmerman (Eds.), *Talk and Social Structure: Studies in Ethnomethodology and Conversation Analysis* [C]. Cambridge: Polity Press.

232. Jackendoff R., Bloom P., Wynn K. 1999. *Language, Logic and Concepts* [M]. Cambridge: The MIT Press.

233. Jones, B. 1993. The pitiless probing eye: Politicians and the broadcast political interview [J]. *Parliamentary Affairs* 46 (1): 66–90.

234. Lakoff, G. & Johnson, M. 1980. *Metaphor We live by* [M]. Chicago:

The University of Chicago Press.

235. Lauerbach, G. 2004. Political interviews as hybrid genre [J]. *Text* 24 (3): 353-397.

236. Levinson, S. C. 1983. *Pragmatics* [M]. Cambridge University Press.

237. Levinson, S. C. 1992. Activity types and language [A]. In P. Drew & J. Heritage (Eds.), *Talk at Work* [C]. Cambridge, MA: Cambridge University Press.

238. Ng, S. H., & Bradac, J. J. 1993. *Power in Language* [M]. Newbury Park, CA: Sage.

239. Orr, C. J., & Burkins, K. E. 1976. The endorsement of evasive leaders: An exploratory study [J]. *Central States Speech Journal* 62: 230-239.

240. Rendle-Short, J. 2007. Neutralism and adversarial challenges in the political news interview [J]. *Discourse & Communication* 1 (4): 387-406.

241. Searle, J. R. 1969. *Speech Acts: An Essay in the Philosophy of Language* [M]. Cambridge University press.

242. Searle, J. R. 1979. *Expression and Meaning: Studies in the Theory of Speech Acts* [M]. Cambridge University Press.

243. Schegloff, E. A. 1992. On talk and its institutional occasions [A]. In P. Drew & J. Heritage (Eds.), *Talk at Work* [C]. Cambridge, MA: Cambridge University Press.

244. Thompson, S. 1996. Politics without metaphor is like a fish without water [A]. In Mio & Katz (eds). *Metaphor: Implications and Applications* [C]. Mahwah, N. J.: Erlbaum.

245. Tsui, B. M. 2000. *English Conversation* [M]. 上海: 上海外语教育出版社。

246. Van Dijk, T. A. 1997. *Discourse as Social Interaction* [M]. Sage Publications.

247. Werner, H. 1989. Credibility andpolitical language. In R. Wodak [A]. *Language, Power and Ideology. Studies in Political Discourse* [C]. Amsterdam: John Benjamins.

248. Wilson, J. 1990. *Politically Speaking: The Pragmatic Analysis of Political Language* [M]. Oxford: Basil Blackwell.

249. Wodak, R. 1989. *Language, Power and Ideology* [M]. Amsterdam: John Benjamins Publishing Company.

250. Young, S. 2008. The broadcast political interview and strategies used by politicians: How the Australian prime minister promoted theIraq war [J]. *Media, Culture & Society*, 30(5): 623–640.

三 中文文献

251. 陈昌文:《政治语言论纲》,《四川大学学报》(哲学社会科学版) 1993 年第 3 期,第 33~38 页。

252. 陈方源:《目的论观照下政治语篇的翻译:〈十七大报告〉英译本研究》,中南大学,2008。

253. 陈利:《英语政治语篇的元话语语用研究》,浙江师范大学,2004。

254. 陈丽江(a):《文化语境与政治话语——政府新闻发布会的话语研究》,北京:中国广播电视大学出版社,2007。

255. 陈丽江(b):《政治语篇的假性连贯与语用策略》,《湖北师范学院学报》(哲学社会科学版) 2007 年第 6 期,第 55~59 页。

256. 陈晓红:《语境在新闻语言中的作用》,《新闻爱好者》2006 年第 12 期,第 49~50 页。

257. 陈勇、刘肇云:《隐喻政治与政治隐喻:论美国政治家的政治隐喻》,《外语教学》2009 年第 1 期,第 25~29 页。

258. 代树兰:《电视访谈话语研究》,北京:中国社会科学出版社,2009。

259. 戴伊克:《社会、心理、话语》,北京:中华书局,1973。

260. 窦卫霖:《政治词汇的文化内涵及其语言策略》,《外国语》2007年第4期,第20~27页。

261. 窦卫霖:《中美官方话语的比较研究》,上海外国语大学,2011。

262. 段益民:《网络政治话语"被XX"的多元解析》,《云南行政学院学报》2010年第2期,第142~145页。

263. 房光宇、翁翠苹:《大众传媒:话语权力与生活世界——一个社会学的视角》,《西安社会科学》2011年第3期,第37页。

264. 冯广义:《汉语语境学概论》,银川:宁夏人民出版社,1998。

265. 葛新新:《政治委婉语:分类、机制及原则》,吉林大学,2006。

266. 管淑红:《政治演讲语篇的人际意义》,《内蒙古农业大学学报》(社会科学版)2005年第4期,第205~206页。

267. 郭春燕:《对话语篇的整合研究》,黑龙江大学,2010。

268. 郭立秋、王红利:《外交语言的精确性与模糊性》,《外交学院学报》2002年第4期,第80~84页。

269. 何雅叶:《英语政治语篇中词语感情色彩的游移现象及翻译》,《科技经济市场》2007年第11期,第119~120页。

270. 何咏梅:《英语政治演讲语篇中情态动词的人际功能分析》,《长江大学学报》2009年第5期,第80~82页。

271. 何咏梅:《英汉语演讲语篇研究——英汉政治演讲语篇中情态副词的语义分布及人际功能对比》,《内蒙古农业大学学报》2010年第1期,第362~364页。

272. 何兆熊:《语用意义和语境》,《语境研究论文集》,北京:北京语言学院出版社,1992。

273. 何兆熊:《新编语用学概要》,上海:上海外语教育出版社,2000。

274. 何自然:《模糊限制语与言语交际》,《外国语》1985年第5期,第27~31页。

275. 何自然:《语用学概论》,长沙:湖南教育出版社,1988。

276. 何自然:《认知语用学——言语交际的认知研究》,上海:上海外语教育出版社,2006。

277. 胡申、王静:《中外记者招待会用语特征分析》,《清华大学学报》(哲学社会科学版)2001年第3期,第83~88页。

278. 胡亚云:《论政治修辞与政治传播》,《河南社会科学》2001年第5期,第9~12页。

279. 胡亚云(a):《试析政治语言的功能》,《信阳师范学院学报》(哲学社会科学版)2002年第4期,第88~90页。

280. 胡亚云(b):《政治语言的涵义与特征初探》,《天中学刊》2002年第3期,第53~54页。

281. 胡亚云(c):《论政治语言的结构》,《洛阳工学院学报》(社会科学版)2002年第2期,第60~62页。

282. 胡正荣:《传播学总论》,北京:中国传媒大学出版社,1997。

283. 黄敏:《隐喻与政治:〈人民日报〉元旦社论(1979~2004)隐喻框架之考察》,《修辞学习》2006年第1期,第15~23页。

284. 季广茂:《隐喻视野中的政治修辞学》,《文学评论》1998年第6期,第98~107页。

285. 纪卫宁:《话语分析——批判学派的多维视角评析》,《外语学刊》2008年第6期,第76~79页。

286. 贾晓凡、蒋跃:《基于小型语料库的模糊限制语分类方法的对比研究》,《外语艺术教育研究》2011年第3期,第10~20页。

287. 姜雪、刘薇:《从语言的元功能看政治演讲——以奥巴马2008年大选获胜演说为例》,《东北大学学报》(社会科学版)2009年第4期,第360~365页。

288. 江颖颖：《孔子与苏格拉底的思维方式对中西方哲学传统的影响》，《哈尔滨市委党校学报》2011年第3期，第11~14页。

289. 江洲：《一部俄罗斯文化史百科全书——〈俄罗斯思考〉评价》，《国外理论动态》2002年第8期，第28~29页。

290. 姜志伟：《中、英政治演讲中礼貌原则对比研究——胡锦涛、布什高校演讲个案研究》，《语文学刊》2009年第11期，第53~56页。

291. 金燕飞：《美国总统和英国首相政治演讲中模糊限制语的对比研究》，《长春大学学报》2011年第3期，第56~59页。

292. 赖雪花：《主语成分外指指称的人际功能——试析外交记者会问答实录里"我"、"我们"、"中国/中方/中国政府"的人际功能》，《社科纵横》2008年第4期，第313~314页。

293. 雷大川：《政治：一种语言的存在——兼论政治语言学的建构》，《文史哲》2009年第2期，第162~168页。

294. 黎千驹：《模糊修辞学导论》，北京：光明日报出版社，2006。

295. 李珂：《建国以来公文与政治语境关系的研究》，四川师范大学大学，2010。

296. 李倩倩：《政治演讲翻译中的译者主体性分析》，山东大学，2010。

297. 李颖：《论政治外交场合模糊语言的功能及运用》，华中师范大学，2003。

298. 李颖：《模糊语言在政治外交场合的应用》，《中国西部科技》2007年第12期，第58~60页。

299. 李颖：《模糊语言在政治外交场合的语用功能》，《武汉工程大学学报》2008年第6期，第53~56页。

300. 李玮：《转型时期的俄罗斯大众传媒》，上海外语教育出版社，2005。

301. 李泽厚：《论语今读》，北京：生活·读书·新知三联书店，2008。

302. 利哈乔夫：《解读俄罗斯》，北京：北京大学出版社，2003。

303. 廖美珍：《法庭问答及其互动研究》，北京：法律出版社，2003。

304. 刘华蓉：《大众传媒与政治》，北京：北京大学出版社，2001。

305. 刘宏：《会话结构分析》，北京：法律出版社，2003。

306. 刘文革：《伊拉克战争与委婉语》，《大学英语》2003年第5期，第50~50页。

307. 刘运同：《会话分析概要》，上海：学林出版社，2007。

308. 刘朝晖：《政治演讲中模糊语言的翻译》，《华北电力大学学报》（社会科学版）2009年第6期，第107~111页。

309. 龙潭：《中国共产党"政党媒体形象"构建与改革分析》，《中国浦东干部学院学报》2009年第1期，第103~107页。

310. 龙泽顺、陈建平：《政治话语的批评性分析研究及其对中国的启示》，《解放军外国语学院学报》2008年第5期，第1~6页。

311. 林海洋：《社会认知语用视域下电视政治访谈的话轮分析》，沈阳师范大学，2017。

312. 马莉：《语用原则与外交修辞》，《北京第二外国语学院学报》2003年第4期，第21~24页。

313. 马敏（a）：《政治语言：作为话语霸权基础的结构——功能分析》，《中共浙江省委党校学报》2004年第4期，第34~38页。

314. 马敏（b）：《政治道歉：言语政治中的话语权斗争》，《学术论坛》2004年第11期，第54~57页。

315. 欧文·戈夫曼：《日常生活中的自我呈现》，冯钢译，北京：北京大学出版社，2008。

316. 庞建荣、周流溪：《政治修辞中的闪避回答》，《外语教学与研究》2005年第2期，第119~123页。

317. 彭征宇：《英语政治访谈中模糊限制语的特征及人际功能》，《南通纺织职业技术学院学报》（综合版）2007年第3期，第70~73页。

318. 钱冠连：《汉语文化语用学》，清华大学出版社，1997。

319. 冉永平、张新红：《语用学纵横》，北京：高等教育出版社，2007。

320. 申智奇：《汉语冒犯性言语行为分析》，《华文教学与研究》2010年第2期，第79页。

321. 史亚民：《世界上下五千年·古代卷》，红旗出版社，1995，第147~148页。

322. 索振羽：《语用学教程》，北京：北京大学出版社，2000。

323. 孙吉胜：《国际关系中语言与意义的建构——伊拉克战争解析》，《世界经济与政治》2009年第5期，第43~55页。

324. 谭明芳：《预设触发语在美国总统就职演说中的应用研究》，西南交通大学，2007。

325. 汤志钧：《康有为政论集》（下），中华书局，1981，第732页。

326. 田海龙（a）：《英汉语"WE/我们"的人际功能与文化差异》，《天津外国语学院学报》2001年第3期，第17~20页。

327. 田海龙（b）：《"我"、"我们"的使用与个人性格》，《语言教学与研究》2001年第4期，第75~80页。

328. 田海龙：《政治语言研究：评述与思考》，《外语教学》2002年第1期，第23~29页。

329. 万丽华、蓝旭：《孟子（中华经典藏书）》，中华书局，2006，第14页。

330. 王瀚东、胡华涛：《论媒介政治语言的研究——从"巴黎骚乱"的新闻报道说开去》，《学术界》2006年第4期，第40~49页。

331. 王红阳、程春松：《英语政治演讲和学术演讲的情态对比研究》，《外语与外语教学》2007年第5期，第21~24页。

332. 王均松：《略论语境的特征》，《四川师范大学学报》1993年第3期，第67~75页。

333. 王瑞英：《等效理论观照下政治语篇的翻译——〈十六大报告〉英译本研究》，湖南大学，2007。

334. 王寅：《认知语言学》，上海：上海外语教育出版社，2007。

335. 王彦：《政治语篇翻译的批评性话语分析》，《上海翻译》2009年第3期，第23～27页。

336. 王占馥：《语境与语言运用》，呼和浩特：内蒙古教育出版社，1995。

337. 魏芳：《政治演讲语言的特点分析与翻译方法》，《北京印刷学院学报》2005年第4期，第75～78页。

338. 魏在江：《从外交语言看语用模糊》，《外语学刊》2006年第2期，第45～51页。

339. 吴长旗：《从"合作"及"礼貌"原则看外交委婉语》，重庆大学，2004。

340. 吴丽丹：《政治语篇中人称指示词的功能分析》，《湖北大学成人教育学院学报》2009年第4期，第57～59页。

341. 吴尚泽：《顺应论框架下政治访谈中话语缓和策略的研究》，沈阳师范大学，2016。

342. 吴亚欣：《语用含糊的元语用分析》，《暨南大学华文学院学报》2002年第1期，第65～77页。

343. 吴勇：《论外交辞令中的模糊策略》，《山东外语教学》2003年第3期，第68～71页。

344. 吴郁：《主持人的语言艺术》，北京广播学院出版社，1999。

345. 武瑷华：《从语用逻辑看反驳》，《解放军外国语学院学报》2010年第4期，第49～53页。

346. 项蕴华：《政治语篇中权利不对称性的批评性分析》，《外语学刊》2006年第2期，第25～28页。

347. 肖安法：《政治语言的修辞特色》，《铜陵学院学报》2007年第2期，第96～99页。

348. 熊涛、何劲：《外交话语的信息功能和互动功能》，《广东技术师范学院学报》2006 年第 2 期，第 86~89 页。

349. 熊万胜：《双向视角及其盲点：中国政治语言研究述评》，《华东理工大学学报》（社会科学版）2007 年第 1 期，第 74~80 页。

350. 徐存良、孙磊：《转喻在俄语政治语篇中的功能》，《外语研究》2009 年第 4 期，第 50~53 页。

351. 徐翁宇：《俄语对话分析》，北京：外语教学与研究出版社，2008。

352. 杨可：《俄罗斯现代政治语言学——一门新兴的交叉学科》，《中国俄语教学》2012 年第 1 期，第 1~7 页。

353. 杨婷婷、尹铁超：《政治演讲语篇积极话语分析》，《齐齐哈尔大学学报》（哲学社会科学版）2009 年第 5 期，第 101~103 页。

354. 苑春鸣、田海龙：《英汉政治语篇的对比分析与批判分析》，《天津商学院学报》2001 年第 5 期，第 51~53 页。

355. 张帆：《英语政治语篇中指称词语的顺应性分析——美国总统大选辩论例析》，湖南师范大学，2007。

356. 张家骅、彭玉海、孙淑芳、李红儒：《俄罗斯当代语义学》，北京：商务印书馆，2003。

357. 张庆冰：《美国政治话语中的隐喻研究》，《现代语文》2007 年第 5 期，第 28~29 页。

358. 张艳密：《政治研究话语分析——理论与实践》，黑龙江大学，2009。

359. 张宇：《政治性访谈与辩论中前提的使用》，吉林大学，2004。

360. 张兆琴：《浅谈英语政治演讲中模糊限制语的人际意义》，《科技信息》2008 年第 30 期，第 118~119 页。

361. 赵晓因：《政治演讲语篇连贯性的认知分析——以〈不自由毋宁死〉为例》，《现代语文》2010 年第 5 期，第 86~88 页。

362. 赵晓宇：《英语政治访谈中模糊限制语的元语用功能研究》，辽宁师范大学，2014。

363. 周红、朱芙蓉：《政治演讲中隐喻的翻译》，《湖南人文科技学院学报》2010年第1期，第85~87页。

364. 朱立华：《切尔顿政治话语研究：理论与方法》，《邵阳学院学报》（社会科学版）2009年第5期，第51~53页。

365. 朱怡：《浅析模糊限制语在政治访谈中的表现形式》，《宁夏党校学报》2004年第2期，第91~93页。

366. 朱小安：《政治隐喻探讨——以德语和汉语隐喻为例》，《解放军外国语学院学报》2007年第2期，第17~21页。

图书在版编目（CIP）数据

政治访谈：基于俄汉语料的语用分析/卢婷婷著
.——北京：社会科学文献出版社，2020.10
ISBN 978-7-5201-6919-6

Ⅰ.①政… Ⅱ.①卢… Ⅲ.①俄语－语用学－对比研究－汉语 Ⅳ.①H35 ②H136

中国版本图书馆 CIP 数据核字（2020）第 128076 号

政治访谈：基于俄汉语料的语用分析

著　　者 / 卢婷婷

出 版 人 / 谢寿光

责任编辑 / 葛　军

出　　版 / 社会科学文献出版社·当代世界出版分社（010）59367004
　　　　　 地址：北京市北三环中路甲29号院华龙大厦　邮编：100029
　　　　　 网址：www.ssap.com.cn

发　　行 / 市场营销中心（010）59367081　59367083

印　　装 / 三河市龙林印务有限公司

规　　格 / 开　本：787mm×1092mm　1/16
　　　　　 印　张：15.5　字　数：215千字

版　　次 / 2020年10月第1版　2020年10月第1次印刷

书　　号 / ISBN 978-7-5201-6919-6

定　　价 / 89.00元

本书如有印装质量问题，请与读者服务中心（010-59367028）联系

△ 版权所有 翻印必究